财政金融文库
财政学精品系列

国家社会科学基金一般项目（15BJY136）
河南省高校科技创新人才（人文社科类）项目（2016—cx—019）
河南师范大学学术专著出版基金资助

转移支付对我国县级基本公共服务均等化的影响研究

RESEARCH ON THE IMPACT OF TRANSFER PAYMENTS ON THE EQUALIZATION OF BASIC PUBLIC SERVICES AT THE COUNTY LEVEL IN CHINA

乔俊峰◎著

中国经济出版社
CHINA ECONOMIC PUBLISHING HOUSE
·北京·

图书在版编目（CIP）数据

转移支付对我国县级基本公共服务均等化的影响研究 / 乔俊峰著．--北京：中国经济出版社，2021.11
ISBN 978-7-5136-6741-8

Ⅰ．①转… Ⅱ．①乔… Ⅲ．①财政转移支付-影响-县-公共服务-研究-中国 Ⅳ．①F812.45

中国版本图书馆 CIP 数据核字（2021）第 239593 号

责任编辑　焦晓云
责任印制　马小宾
封面设计　任燕飞装帧设计工作室

出版发行　中国经济出版社
印 刷 者　北京建宏印刷有限公司
经 销 者　各地新华书店
开　　本　710mm×1000mm　1/16
印　　张　11
字　　数　162 千字
版　　次　2021 年 11 月第 1 版
印　　次　2021 年 11 月第 1 次
定　　价　68.00 元
广告经营许可证　京西工商广字第 8179 号

中国经济出版社　**网址** www.economyph.com　**社址** 北京市东城区安定门外大街 58 号　**邮编** 100011
本版图书如存在印装质量问题，请与本社销售中心联系调换（联系电话：010-57512564）

序言

PREFACE

改革开放以来，我们以社会主义市场经济为导向，坚持“效率优先，兼顾公平”的分配原则，激励人们创造财富。在财政领域，由于分权导致的财政竞争向地方政府提供市场化激励，有力地推动了中国经济的高速发展（Lin and Liu，2000），中国也一跃成为全球第二大经济体。与经济的快速增长形成鲜明对比的是，我国基本公共服务还存在较为严重的供给不足，义务教育、社会保障、医疗卫生等基本公共服务在城乡之间、地区之间还存在较大差距。努力推进基本公共服务体系建设，实现公共资源在地区之间、城乡之间的合理分配和使用，已经成为未来我国经济社会发展的重要任务。

通过转移支付制度弥补地区间的财力差距，促进基本公共服务均等化，已经成为1994年分税制改革以来我国财政体制改革的重要内容。中央财政转移支付最主要的补助对象是县级政府，尤其是向老、少、偏、穷地区的县级政府倾斜。这些县获得了大量转移支付资金，在它们的财政支出中，上级转移支付的占比很高。中央政府和县级政府作为利益主体，其目标效用函数存在较大差异。中央政府的目标是实现在全国不同地区提供最低标准的公共服务，因此中央政府试图通过加大转移支付力度，弥补地方财政能力不足，进而引导和激励地方政府提升对公共服务的投入行为，实现经济发展成果的共享共建。但是，由于县级政府掌握着更全面的信息且具有机会主义倾向，中国式分权并不能保证政府的合意性，上级政府的财政转移支付资金也未必都能实现预期的均等化目标，即存在“激励相容”

问题。县级政府不仅希望实现财政收入最大化，也希望通过支出最大化实现官员晋升的目的。在财政能力和官员晋升的双重压力下，地方政府的支出更容易转向生产性领域，基本公共服务均等化效应会大打折扣。因此，我们需要搞清楚以下几个问题：转移支付规模的扩大及结构的调整，究竟对基本公共服务均等化起到了多大作用？其影响机制是怎样的？县级政府的支出行为究竟在其中起到了什么作用？该如何建立激励约束机制，使中央对地方的转移支付制度既能保证提高地方财政能力均等化，又能激励地方政府提高基本公共服务水平？

本书首先在中国式财政分权背景下，通过回顾我国基本公共服务均等化历程和转移支付制度的完善过程，指出了基本公共服务与政府间转移支付制度完善两者关系研究的现实性和紧迫性，并对我国县级基本公共服务均等化的程度做出了评价。研究发现：我国在基本公共服务提供上存在巨大成本差异，而且东、中、西部地区的财政能力差异较大，县级基本公共服务均等化总体上讲也处于较低水平。其次，分析了我国转移支付制度变迁和县级转移支付项目安排的激励约束机制，总结了我国转移支付的总量特征和结构特征，并基于“中国式分权（财政分权和政治晋升）—地方政府财政行为异化—转移支付—财政能力差距与行为偏好—激励不相容—基本公共服务不均等”的内在逻辑，从理论上分析现行转移支付制度既无法实现财力均等化目标，也不能有效激励县级政府努力提供公共服务的制度困境。再次，从实证层面验证现行转移支付制度的财力均等化效应，以及在政府支出偏好作用下，转移支付对我国县级基本公共服务均等化的激励效应。最后，提出要以激励相容为基本理念和目标，对现行转移支付制度进行优化，使其能够有效促进基本公共服务均等化水平的提高，并在科学划分事权和支出责任、改革基本公共服务均等化供给的绩效考评主体、构建转移支付绩效评价体系等方面进行制度构建。本书研究对于新时代完善我国地方财政治理体系、促进基本公共服务均等化具有重要意义。

本书得以完成，要感谢学界前辈、师友和家人的支持和关爱。感谢我的硕士研究生张春雷、黄智琛出色的助研工作。感谢我所在的河南师范大学为我提供了良好的工作环境。感谢中国经济出版社的焦晓云编辑为本书出版所付出的辛勤劳动。本书在撰写过程中，借鉴了国内外同行的相关研究成果，在此一并表示衷心的感谢。

由于时间和能力有限，疏漏之处在所难免，敬请专家和读者批评指正。

乔俊峰

2021 年 10 月于河南新乡

目录
CONTENTS

第1章
绪 论
Chapter One

1.1 研究背景

改革开放以来，我们以社会主义市场经济为导向，坚持“效率优先，兼顾公平”的分配原则，激励人们创造财富。在财政领域，从传统高度集权的财政体制转向财政包干制，进一步转向分税制改革。分税制改革使中国形成了财政分权的局面，地方政府的经济利益主体地位逐步确立，对税收的敏感性逐步增强，掌控的经济资源在不断增加，拥有较为充分的自由裁量权，更多地承担了“政治企业家”角色。为了实现自身收益最大化，地方政府间展开了激烈的竞争。这种由于分权导致的财政竞争向地方政府提供市场化激励，加快了财政体制的市场化进程，形成了所谓的“维持市场化的联邦主义”（market preserving federalism）（Weingast，1995；Qian and Weingast，1997）。财政分权有力地推动了中国经济的高速发展（Lin and Liu，2000），中国也一跃成为全球第二大经济体。然而，与经济快速增长形成鲜明对比的是，我国基本公共服务供给严重不足，义务教育、社会保障、医疗卫生等基本公共服务在城乡之间、地区之间的分配很不平衡。这种失衡，是我国经济高速增长过程中出现的最为重要，也最应引起关注的“增长失衡”①。这种基本公共服务发展的不平衡、不充分，已经成为影响我国区域协调发展的关键问题。加快建立覆盖城乡、地区的均等化

① 中国经济增长与宏观稳定课题组．增长失衡与政府责任［J］．经济研究，2006（10）：4-17.

基本公共服务体系，是解决新时代发展不平衡、不充分问题的内在要求。努力推进基本公共服务体系建设，实现公共资源在地区之间、城乡之间的合理分配和使用，已经成为未来我国经济社会发展的重要任务。

自2006年起，党中央和国务院高度重视基本公共服务均等化问题，从党的十六届三中全会到十七大、十七届五中全会、十八大、十八届三中全会、十九大、十九届四中全会、十九届五中全会，明确了实现基本公共服务均等化的理念和宏伟目标。国务院及相关部委也相继出台了一系列有关义务教育、医疗卫生、社会保障、就业等基本公共服务体系建设的制度文件，特别是《国家基本公共服务体系“十二五”规划》和《“十三五”推进基本公共服务均等化规划》两个重要文件的出台，对基本公共服务均等化的目标、领域、主要内容、服务清单、主要措施和实施机制进行了说明：明确了要将促进机会均等、保障人民群众得到基本公共服务的机会作为基本公共服务均等化的核心内容；首次提出建立“国家基本公共服务制度”，以清单形式明确了政府的责任和义务，标准体系在内容设计上更加明确化、具体化和程序化，并提出到2020年，基本公共服务体系会更加完善，体制机制会更加健全，标准体系会全面建立。2021年4月出台的《国家基本公共服务标准（2021年版）》则进一步明确了基本公共服务的具体实施标准。基本公共服务均等化逐渐从一种理念上升为国家战略，强调政府提供基本公共服务的主体责任——从立足于公民的生命权和生存权需要，关注基本公共服务体系的普惠性、全覆盖和均衡发展，到强调全体国民的“获得感”。

分税制改革以来，财政转移支付制度日益成熟和完善，财政转移支付的规模不断扩大。1994年，一般性转移支付和专项转移支付的规模分别仅为136亿元和361亿元，到了2018年，中央对地方的一般性转移支付和专项转移支付高达38722.06亿元和22927.09亿元。新增的转移支付重点用于缩小地区财力差距，提升地方基本公共服务能力的均等化。[①] 党的十八届三中全会就转移支付制度改革提出了明确要求：各级政府应根据公共服务供给的职责来合理划分事权和支出责任。2015 年 2 月国务院印发的《关于改革和完善中央对地方转移支付制度的意见》更是明确指出，改革和完善转移支付制度，应围绕建立现代财政制度，以推进地区间基本公共服务均等化为主要目标，加强转移支付管理。2018 年 11 月 28 日，中共中央、国务院明确提出，要围绕努力实现基本公共服务均等化等目标，加快建立区域均衡的财政转移支付制度。[②] 这标志着关于基本公共服务均等化与完善政府间转移支付制度之间关系的研究超越了单纯的理论研究范围，具有极强的现实性和紧迫性。完善转移支付制度以实现基本公共服务均等化直接关系到我国高水平和高质量区域协调发展的实现。

县级政府是中国式分权框架下公共服务的主要供给者。中国各省份之间存在着较大的差距，各省内部的差距也很大。Wallace 和 Bahl（2005）指出，省内各县之间的差距甚至大于各省之间的差距，特别是在公共产品和服务问题上[③]。县级政府是中央财政转移支付最主要的补助对象，尤其是老、少、偏、穷地区的县级政府，获得了大量转移支付。它们自身的财政支出中上级转移支付的占比非常高。尽管县级政府获得了更多的转移支付，政府的财力水平得到提高，财政支出也随之增加，但财政支出增加会受到地方政府行为偏好的影响，如果地方政府偏向基本公共服务支出，则有利于均等化实现，如果地方政府偏向生产性支出，则基本公共服务均等化效应会大打折扣。因此，我们需要考察转移支付规模的扩大和结构的调整对基本公共服务均等化究竟起到了多大的作用，其影响机制是怎样的，县级政府的支出行为究竟在其中发挥了什么作用，该如何建立激励约束机

① 参见财政部《过渡期财政转移支付办法(1999)》《关于 2002 年一般性转移支付办法》等相关内容。

② 参见《中共中央、国务院关于建立更加有效的区域协调发展新机制的意见》。

③ WALLACE S，BAHL R W. Public financing in developing and transition countries ［J］. Public Budgeting & Finance，2005，25（4s）：83-98.

制才能使中央对地方的转移支付制度既能保证提高地方财政能力均等化，又能激励地方政府提高基本公共服务水平。

1.2 文献综述

1.2.1 国外文献

1.2.1.1 均等化的思想渊源

国外对均等化的理解，体现为对公平正义的向往和追求，以及各种类型的平等观，主要有权利平等观、效用平等观、收入平等观、“基本善”平等观和能力平等观。自由主义的权利平等观认为，只要人们的权利相同，并且在交换过程中遵循自由平等，那么无论最终结果怎样，都符合公平正义的原则。功利主义的效用平等观则使用效用水平指标来评价公平与否，只要能实现大多数人效用水平提升就是平等的，甚至可以牺牲部分人的利益，该平等观忽视了社会贫富差距拉大的现实。经济平等主义的收入平等观强调将收入或财富作为衡量平等的标准，但忽视了收入或财富获得的机会平等和过程平等。罗尔斯的“基本善”平等观强调自由平等、机会平等和差别原则。他认为，自由平等是首要原则，每个人都应享有平等的权利。当然，他也指出，权利平等要受到机会、收入或财富平等的影响。阿马蒂亚·森的能力平等观将能力视为一种自由，把人们享受生活的可行能力作为评价平等的标尺。

1.2.1.2 公共服务均等化的原则

公共财政理论对公共服务均等化的较早论述来源于庇古（1928）的国民收入均等化思想。Buchanan（1950）的财政均等思想具有奠基作用，他把同等条件的人获得同等待遇作为财政均衡的依据。Musgrave（1959）提出，转移支付应使具有相同收入的公众享有相同的财政剩余。Grahan（1963）强调，联邦政府应为州和地方政府设定尽可能高的公共服务最低标准，以缩小不同区域的公共服务差距。Boadway 和 Flatters（1982）认为，通过均等化的转移支付能使处于不同区位的公民享受均衡公共服务。Abramowitz（1985）认为，转移支付可以有效平衡地区财力，促进基本公共服务均等化。Shah（2006）认为，应以一般性转移支付为主，平衡地区财政能力的差异。

1.2.1.3 财政分权、转移支付与公共服务均等化

财政分权理论大致经历了两个阶段。第一代财政分权理论从信息优势和地区间竞争两个角度，研究公共产品提供效率。Hayek（1945）、Musgrave（1959）认为，地方政府更接近选民，能够获取当地选民的真实信息，实行分权可以更好地激励地方政府有效提供公共产品。Tiebout（1956）认为，通过“用脚投票”的方式，居民可以选择与自身偏好一致的社区生活，这会激励地方政府更有效地提供公共产品。Oates（1972）认为，由于地区异质性偏好和信息不对称，中央政府无法通过有效集中供给公共产品来满足不同地区的差异化需求。最终得出结论：财政分权能够促使地方政府更加关注本地区居民偏好，有利于改善地方公共产品提供效率，并且强调转移支付在分权体制中有缓解财政失衡的重要作用。但随后大量的实证研究并未得出分权可以提高公共产品提供效率的一致结论（Keen and Marchand，1997；Cai and Treisman，2005；Faguet，2004）。第二代财政分权理论通过引入激励相容与机制设计学说，着重分析地方政府行为对提供公共产品的影响，强调纵向财政关系的激励结构对转移支付公平效果的重要意义（Weingast，1995；Qian and Weingast，1997；Qian and Roland，1998；Jin，Qian and Weingast，2005）。有关转移支付与公共服务均等化的研究也越来越受到关注。Boadway（2004）、Shah（2006）认为，全面的财政均等化项目有助于解决财政上的不平等和资源配置效率低下的问题。Ihori（2004）、Buettner（2006）、Boex（2007）等提出，应通过完善财政支出框架、优化政府税收返还模式、提升转移支付的均衡水平等财政制度改革措施来实现公共服务均等化。

1.2.1.4 转移支付的均等化效应

Powell 等（2001）发现，英国的转移支付促进了地方财政能力的横向

均衡。Borins（2004）认为，加拿大的均等化转移支付促进了全国公共服务的均等化。Hull 和 Searle（2007）认为，澳大利亚的均等化转移支付有效地平衡了各州提供公共服务的财政能力。Albouy（2012）、Litschig（2013）等对有关国家财政转移支付制度的均等化效应进行了评价。Tsui（2005）、Martinez-Vazquez（2007）等研究了中国转移支付的均等化效应。国外学者也实证研究了转移支付对地方政府行为的影响。Inman（1988）、Gamkhar 和 Oates（1996）、Panda（2009）认为，转移支付会降低地方政府的财政努力。但 Smart（1998）、Egger（2010）认为，转移支付制度的改进可以提高地方政府征税的积极性。Bradford 和 Oates（1971）认为，一次转移支付相当于一定量的减税，不会导致政府支出增加。但 Gramlich（1977）、Knight（2002）、Dahlby（2010）、Cyrenne 和 Pandey（2015）、Allers 和 Vermeulen（2016）等认为，转移支付对财政支出会产生“粘蝇纸效应”。Kattenberg 和 Vermeulen（2018）也发现，无条件拨款每增加 1 美元，就会使荷兰本地支出增加 20~50 美分。

1.2.2 国内文献

1.2.2.1 基本公共服务均等化问题

国内学者主要探讨了基本公共服务均等化的内涵、现状及成因，并提出实现基本公共服务均等化的路径。

（1）基本公共服务均等化的内涵。国内学者从公民权利、机会能力获取、公共服务提供标准、政府财政能力和公共服务提供结果等方面，把均等化内涵区分为“权利均等”（唐钧，2006；丁元竹，2008）、“机会均等”（刘尚希，2007；常修泽，2007；迟福林，2008）、“底线均等”（陈昌盛，2007；郭小聪 等，2013）、“财政能力均等”（王伟同，2008）和“结果均等”（安体富 等，2007；贾康，2007）。

（2）基本公共服务非均等化的现状。对基本公共服务非均等化的现状，国内学者主要从整体层面和具体分项指标来展开研究。从整体层面来看，南锐等（2010）评价了31个省（自治区、直辖市）的基本公共服务均等化水平，李振海和任宗哲（2010）评价了西部地区的基本公共服务均等化水平，管廷莲和吴淑君（2010）、陈振明和李德国（2011）深入考察了 个省内部的基本公共服务均等化水平，夏杰长（2005）、安休富（2007）、倪鹏飞等（2016）研究了公共资源在城乡之间的资源配置。以上研究发现，省份之间、省域内部、城乡之间普遍存在基本公共服务的非均等化问题，而且基本公共服务非均等化主要表现在基础教育、社会保障和医疗卫生三个方面。李雪萍和刘志昌（2008）分析了社会保障在东、中、西部地区间的非均等状况。成新轩和侯兰晶（2013）指出农村地区社会保障体系相对缺乏。姜晓萍和黄静（2013）把城乡之间的教育不平等归因于师资力量的差异和农村师资的流失。和立道（2011）研究了城乡医疗卫生差距，认为与城市相比，农村医疗设备落后，医疗卫生人员匮乏。

（3）基本公共服务非均等化的成因。对于基本公共服务非均等化的成因，国内专家学者也有不同的解释。这里主要从财政分权、公共财政体制和公共服务供给体制机制三个方面展开研究：从财政分权角度看，在中国式分权体制下，地方政府间展开了激烈的竞争，形成了“重基本建设，轻公共支出”的局面，造成公共服务供给的不足（乔宝云，2005；傅勇、张晏，2007）。从公共财政体制角度看，现有基本公共服务的财政投入不足，无法满足人们日益增长的需求（张立荣、冷向明，2007）。1994年分税制改革以后，财权上收、事权下放，基层财政困难，支出责任呈现高度地方化，导致我国基本公共服务的非均等化（贾康，2006；江依妮，2011）。财权和事权的不匹配，也使地方财力呈现纵向不平衡。中央政府需要通过转移支付来弥补地方财力缺口，但以财政能力均等化为目标的转移支付并未很好地激励地方政府提供基本公共服务（安体富、任强，2007）。从公共服务供给体制机制看，需求表达机制欠缺、公共服务供给模式单一等自身体制机制的不完善是基本公共服务均等化无法实现的原因（陆道平，2013；樊丽明等，2010）。除此之外，长期的城乡二元经济社会结构、城市偏向政策等也使公共资源在城乡之间的配置存在差异，从而延缓了我国城乡基本公共服务均衡发展的进程（刘成奎，2014）。

（4）实现基本公共服务均等化的路径。国内学者普遍认为，基本公共服务均等化的实现在一国经济社会发展的不同时期表现为动态演变的过程。在经济发展初期，各级政府财力有限，只能提供居民最低层次、最急需的基本公共服务，随着经济社会发展水平的不断提高，各级政府财力不断增强，均等化的范围也在不断扩大（贾康，2007；丁元竹，2008）。不断完善财政分权体制（安体富，2010；金人庆，2006；杨东亮、杨可，2018）、完善转移支付制度（谷成，2007；贾晓俊，2011）、健全公共财政制度（安体富，2010；孙德超，2012）等是实现基本公共服务均等化的有效路径。现有的研究也越来越重视把公民满意度纳入基本公共服务均等化的考核体系，构建自下而上的公共产品供给机制（樊丽明，2010；韩俊，2011；胡洪曙、武锶芪，2019）。

1.2.2.2 财政分权、转移支付对地方政府行为的影响

（1）财政分权与地方政府行为。乔宝云等（2005）、傅勇和张晏（2007）等分析了中国式分权对公共支出结构的扭曲作用。乔宝云等（2005）指出，在财政分权体制下，地方政府展开激烈竞争，严重削弱了教育经费投入。傅勇和张晏（2007）在中央—地方框架下考察了分权竞争与公共支出结构扭曲的理论框架，认为“为经济增长而竞争”是导致财政支出结构扭曲的一个重要激励。周黎安（2004、2007）、徐现祥和王贤彬（2011）、皮建才（2012）强调了政治晋升在激励地方官员促进地方经济发展中的作用。吴敏和周黎安（2018）进一步考察了可视性指标对地方官员行为扭曲的作用。

（2）转移支付与地方政府行为。1994 年分税制改革以来，随着中国经济的快速增长，地区间财力差距不断扩大。我国地方财力差距较大主要有两个原因：①地区间资源禀赋、历史文化的巨大差异导致的税基水平差异。②各地税收努力程度的不同。税收努力是地方政府财政收入行为的重

要形式（李婉，2007）。在税基不变的情况下，税收努力程度越高，税收收入越高；反之，税收收入越低。在多级政府存在的情况下，由于中央政府和地方政府之间存在委托-代理关系，地方政府可能会利用代理人地位，藏匿财政收入信息，降低税收努力程度，因此，激励地方政府积极纳税就成为中央政府面临的重要课题。王剑锋（2008）认为，中央税收征管集权程度的提高强化了税务部门的税收征管能力。吕冰洋等（2011）认为，分税制下政府间的税收分权转变为以分税合同为主的契约，形成了更强的税收激励。进一步讲，在分税制下，财权和事权的不匹配，也使地方财力呈现纵向不平衡。中央政府需要通过转移支付来弥补地方财力缺口，但以财政能力均等化为目标的转移支付并未很好地激励地方政府付出更多增加税收的努力。乔宝云等（2006）、付文林和赵永辉（2016）、贾智莲和卢洪友（2009）、付文林（2010）、张恒龙和张宪（2007）、唐善永和李丹（2014）等发现，转移支付会降低地方政府的财政努力。胡祖铨（2013）进一步发现，不同类型的转移支付对征税努力的影响存在差异性。吕冰洋和张凯强（2018）认为，政府支付偏向效应会影响转移支付对税收努力的作用。李永友和沈玉平（2009）、付文林（2012）认为，转移支付会使财政支出决策发生扭曲。贾俊雪和郭庆旺（2010）认为，转移支付会强化经济性支出的偏向，其中税收返还的经济支出偏向作用最为明显。范子英和张军（2013）发现，专项转移支付可以促进公共服务水平提高，但会导致政府规模膨胀。方红生和张军（2014）认为，中央转移支付会弱化财政集权对地方政府的激励效应。

1.2.2.3 转移支付的财力均等化效应

曹俊文和罗良清（2006）认为，我国转移支付对均衡地区财力起到了一定的作用，但东、中、西部差距仍然很明显，并且西部地区财力差距呈现不断增大趋势。李齐云等（2009）认为，我国转移支付总体上提高了落后地区的人均财力，从分项内容来看，尽管两税返还增进了地区财力差异，但由于其在总财力中的占比和集中度在不断下降，地区间的财力差距仍然会缩小。付文林（2010）采用变异系数法衡量了转移支付的财力均等化效应，发现转移支付后，省际财力差距会逐渐缩小，但中部地区和西部地区内部省份间的财力差距会逐步增大。田发（2010）也得出转移支付可以提高落后地区人均财力的结论，并进一步指出，一般性转移支付、专项转移支付和税收返还的财力均等化效应依次递减。马海涛和任致伟（2017）基于县级数据考察了转移支付的财力均等化效应，发现我国转移支付总体上提高了落后地区的人均财力。曾军平（2000）、刘溶沧和焦国华（2002）、王雍君（2006）、张恒龙和陈宪（2007）、阎坤（2013）、官永彬（2013）等发现，转移支付没有减少地区间的财力差距。尹恒等（2007）基于县级数据的研究也发现，转移支付不仅没能有效缩小地区间的财力差距，还进一步扩大了地区间的财力差距。

1.2.2.4 转移支付与基本公共服务均等化研究

解垩（2007）对不同类型的转移支付在基本公共服务供给中的作用进行了具体分析，发现不仅一般性转移支付的作用有限，税收返还也恶化了地方公共服务供给的不均等水平。宋小宁等（2012）基于 2000 余个县级样本的研究发现，一般性转移支付并未有效提高公共服务供给水平，专项转移支付的促进作用较为明显。王瑞民和陶然（2017）认为，一般性转移支付和专项转移支付更多地促进了财政供养人口的财力均等化，而非辖区人口公共服务的均等化。陈娟和吴昊（2017）以广东省为例进行研究后发现，转移支付对公共服务均等化水平提升的作用有限。贾俊雪（2011）认为，现行转移支付未能有效缩小区域公共服务供给的差距，原因在于其资金配置没有很好地权衡公平与效率，进而使地方政府行为的激励机制出现偏差（郭庆旺、贾俊雪，2008）。因此，要实现公共服务均等化，必须首先完善转移支付制度。诸多学者从转移支付模式、结构、公式等方面探讨了转移支付制度的规范和完善问题。马骏（1997）设计了我国均衡性转移支付资金分配的一般公式。伏润民等（2011）、曾红颖（2012）等按照基本公共服务均等化的目标，对转移支付公式进行了设计。张恒龙和秦鹏亮

（2012）在转移支付公式设计中引入财政激励目标和基本公共服务均等化目标。孙开（2009）提出了改进的、基于“因素法”的分配公式，建立了绩效导向型转移支付制度。肖育才（2014）构建了激励目标与均等目标兼顾的转移支付公式。贾晓俊和岳希明（2012）基于基本公共服务均等化目标推导出均衡性转移支付的测算公式。杨志勇（2019）指出，在进行转移支付制度设计时，应关注其激励功能，促进转移支付资金使用效率的提升。

也有学者认为，转移支付有利于基本公共服务均等化的实现。卢洪友等（2012）运用边际受益归宿分析技术进行了实证研究，发现一般性转移支付更有益于贫困县（市）提高其基本公共服务均等化能力。田侃和亓寿伟（2013）研究发现，转移支付显著促进了西部地区的基本医疗卫生和基础教育水平。范子英和张军（2013）从信息不对称的角度进行分析，指出在要素流动受限的情况下，带有配套条款的专项转移支付能够有效缓解中央政府在公共品提供方面的信息不对称，分摊地方政府提供公共服务的成本，进而提高地方政府的公共品支出水平。贾晓俊和岳希明（2015）将专项转移支付中的用途制定得较为宽泛，认为分类拨款最有利于基本公共服务均等化政策目标的实现。李丹和裴育（2016）认为，均衡性转移支付显著促进了贫困地区的基本公共服务供给，有利于实现基本公共服务均等化。郑垚和孙玉栋（2018）基于门槛效应面板模型进行分析，发现转移支付能够有效扩大地方基本公共服务的支出规模。胡斌和毛艳华（2018）研究发现，一般性转移支付在概率上显著增加了居民公共教育和医疗卫生的均等化，而专项转移支付对基本公共服务均等化则无效。胡洪曙和亓寿伟（2015）采用空间面板模型分析了转移支付对公共服务的影响，发现省际公共服务投入和产出均存在空间溢出效应，而且中央转移支付主要通过直接作用和地区间竞争影响地方公共服务供给。赵永辉和付文林（2017）研究发现，转移支付能够缓解地区间财力失衡并改善地方性公共品供给。尹振东和汤玉刚（2016）研究发现，农村义务教育专项补助制度能够激励地方政府提升基础教育水平。

通过梳理文献，我们发现：已有研究大多集中在通过转移支付的财力均等化效应实现基本公共服务均等化，较少研究地方政府行为偏好对公共服务均衡供给的影响。已有研究在进行转移支付设计时，较多考虑公共服务均等化目标，而忽视了激励目标在转移支付设计中的重要性。要实现基本公共服务均等化，中央政府仅通过加大转移支付力度平衡地区间的财力是远远不够的，更为重要的是，要创新转移支付分配方式，更好地激励县级政府提高基本公共服务水平，否则，中央政府提供的大规模转移支付资金根本无法有效转化为均等化的公共服务供给。已有研究多采用省级数据进行经验分析，而中国式分权框架下公共服务的主要供给者是省以下的地方政府，尤其是县级政府。转移支付规模和结构安排在很大程度上决定着县级政府行为的激励导向，更决定着县级政府对基本公共服务均等化的态度。

基于此，本书在中国式分权的制度环境下，将转移支付、地方政府行为和基本公共服务均等化放到一个分析框架中，分析转移支付对县级政府财政行为的激励，以及其对基本公共服务均等化水平的影响，并尝试构建以基本公共服务均衡为目标的激励相容型转移支付方案。

1.2.3 学术价值和应用价值

1.2.3.1 学术价值

在分税制下，财权和事权的不匹配使地方财力呈现纵向不平衡，中央政府需要通过转移支付来弥补地方财力缺口，但以财政能力均等化为目标的转移支付在激励地方政府增加公共服务供给时会面临两个问题：一是如何激励县级政府在增加财政收入的基础上实现财力均等化；二是如何有效激励县级政府把获得的转移支付资金更多地应用于基本公共服务领域。县级政府是中国式分权框架下公共服务的主要供给者，在存在多级政府的情况下，由于中央政府和地方政府之间存在委托-代理关系，县级政府可能会利用代理人地位藏匿财政收入信息、降低努力程度，因此，如何激励县级政府积极提供基本公共服务就成为中央政府面临的重要问题。本书分析在现有转移支付制度下，县级政府将面临怎样的激励状况，是否会出现严重的激励扭曲，从而导致具体行为上的逆向选择，进而影响基本公共服务均等化。这些研究有助于深化对地方政府行为逻辑的理解、了解我国转移支付的过程及效应，对丰富公共服务和公共财政理论具有重要意义。

1.2.3.2 应用价值

党的十九大报告开篇指出，永远把人民对美好生活的向往作为奋斗目标，而我国社会主要矛盾已经转化为人民日益增长的美好生活需要和不平衡不充分发展之间的矛盾。随着社会主要矛盾的转化，单纯地以经济建设为中心的发展理念已不再适应新常态下经济社会发展的要求。改革开放40多年来的经济高速增长为我国积累了大量财富，但发展中涌现的矛盾和问题也很突出，要求全体人民共同发展、共享发展成果的呼声越来越高，促进社会公平正义成为亟待解决的突出问题。党的十九大报告明确提出：要坚持在发展中保障和改善民生，将改善民生福祉作为发展的根本目的。长期以来，我国共享发展水平的提高受限于民生的改善，而民生发展主要是通过政府支出、转移支付等手段增加民生性公共品供给，改善民生外部环境和条件。全面评估转移支付制度运行对县级基本公共服务均衡的影响，探讨转移支付制度设计及财政激励机制，优化县级基本公共服务均衡的转移支付改革方案，不仅有助于缩小区域间的基本公共服务差距、促进区域协调发展，而且可以为转移支付制度的改革和完善提供制度支持。

1.3 研究思路和研究内容

1.3.1 研究思路

第一，在详细梳理国内外文献的基础上，我们发现，已有文献忽视了激励目标在转移支付设计中的重要性，较少研究地方政府行为偏好对公共服务均衡供给的影响。地方政府掌握着更全面的信息且有机会主义倾向，上级政府的财政转移支付资金未必都能实现预期的均等化目标，即存在“激励相容”问题。如何实现激励相容是转移支付制度促进基本公共服务均等化的重点。

第二，在厘清基本公共服务均等化内涵的基础上，本书评价了我国县级基本公共服务均等化的特征事实，发现我国县级基本公共服务均等化水平偏低，但是总体而言，均等化程度呈现稳步上升的态势。我国县级基本公共服务均等化情况存在很大地区差异。努力推进基本公共服务体系建设，实现公共资源在地区之间、城乡之间的合理分配和使用，已经成为未来我国经济社会发展的重要任务。转移支付制度是弥补地区间财力差距、促进基本公共服务均等化的重要制度安排，完善转移支付制度以实现基本公共服务均等化直接关系到我国高水平和高质量区域协调发展的实现。

第三，基于新中国成立以来我国地方政府财政体制和行政管理体制的历史考察，本书分析了我国转移支付制度变迁和县级转移支付项目安排的激励约束机制，总结了我国转移支付的总量特征和结构特征。依照“中国式分权（财政分权和政治晋升）—地方政府行为异化—转移支付—财政能力差距与行为偏好—激励不相容—基本公共服务不均等”的内在逻辑构建分析框架，从理论上分析转移支付总量和结构对县级政府财政行为产生的激励不相容问题，及其对基本公共服务供给水平的影响。

第四，基于县级面板数据，本书首先实证分析如何在激励县级政府增加财政收入的基础上，通过转移支付实现财力均等化，然后分析在政府支出偏好作用下，转移支付对基本公共服务均等化的激励效应。

第五，在上述理论和实证分析的基础上，本书提出了优化转移支付制度的建议。

本书研究的技术路线如图 1-1 所示。

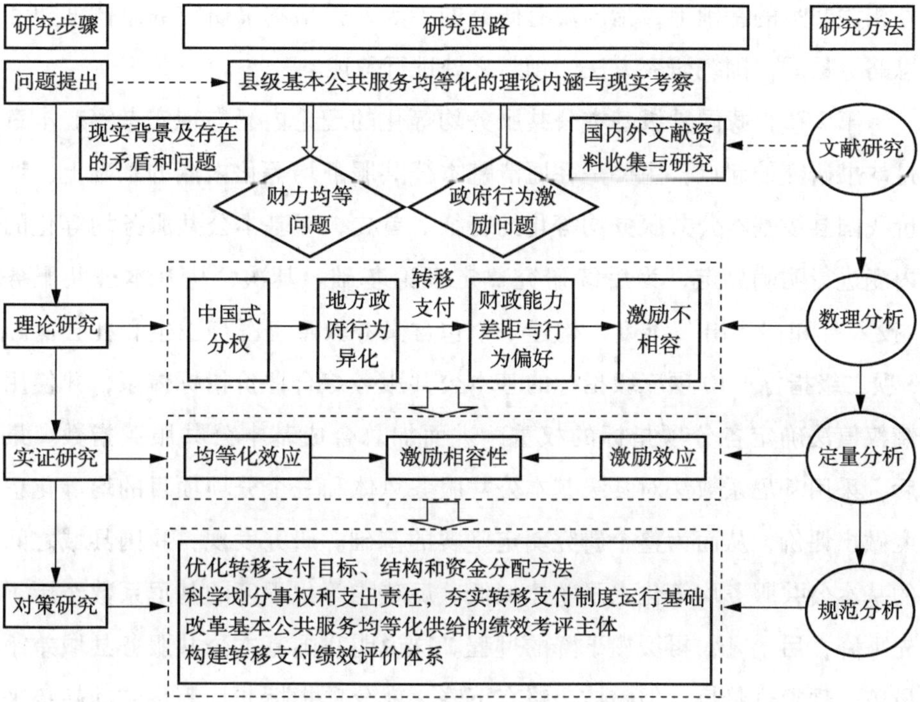

图1-1 本书研究的技术路线

1.3.2 研究内容

1.3.2.1 研究对象

本书考察当前转移支付制度的现实有效性，分析现行转移支付制度既无法实现财力均等化目标，也不能有效激励县级政府努力提供公共服务的制度困境，提出要以激励相容为基本理念和目标，对现行转移支付制度进行优化。

1.3.2.2 总体框架

基于研究对象，本书研究内容设计为以下六章：

第1章，绪论。本章首先在中国式分权背景下，通过回顾我国基本公共服务均等化历程和转移支付制度的完善过程，指出基本公共服务与政府间转移支付制度之间关系研究的现实性和紧迫性。其次，在详细梳理国内外相关文献的基础上，指出现有研究的不足，提出本书研究的总体框架和思路。最后，围绕研究方法、创新之处进行叙述。

第 2 章，我国县级基本公共服务均等化的理论内涵与现实考察。本章是本书研究的起点，主要是在厘清基本公共服务均等化内涵的基础上，评价我国县级基本公共服务均等化的特征。首先，对基本公共服务均等化的内涵进行明确界定，为后续研究奠定理论基础。其次，从基本公共服务“投入”和“产出”维度，构建一个包含义务教育、医疗卫生和社会保障 3 项二级指标、10 项三级指标的基本公共服务综合评价指标体系，并使用熵权值法确定各分项指标的权重，进而加总合成基本公共服务指数。最后，采用基尼系数法对县级基本公共服务总体和三个分项项目的均等化程度做出评价，从而为整个研究奠定坚实的基础。研究发现：我国县域之间的基本公共服务均等化水平整体偏低，反映均等化程度的基尼系数经历了先下降，后上升，再缓慢下降的过程。这说明我国基本公共服务县域差距虽曾呈现上升趋势，但整体仍略有下降。就分项指标非均等化波动趋势来看，我国县域间义务教育的均等化程度最高，社会保障的均等化程度次之，但其基尼系数呈现缓慢下降趋势，医疗卫生的均等化程度最低。从东中西部地区的情况来看，我国基本公共服务均等化程度从东部到中西部逐步降低，且三者之间的差距有较为显著的改善。

第 3 章，转移支付影响我国基本公共服务均等化的机理分析。本章从理论层面系统阐释转移支付对我国县级政府财政行为产生的激励不相容，进而影响基本公共服务供给水平的作用机制。首先，简要介绍转移支付的内涵和功能。其次，基于新中国成立以来我国地方政府财政体制和行政管理体制的历史考察，分析我国转移支付制度变迁和县级转移支付项目安排的激励约束机制，总结了我国转移支付的总量特征和结构特征。再次，遵循“中国式分权（财政分权和政治晋升）—地方政府行为异化—转移支付—财政能力差距与行为偏好—激励不相容—基本公共服务不均等”的内在逻辑构建分析框架，从理论上分析转移支付总量和结构对县级政府财政行为产生的激励不相容问题，及其对基本公共服务供给水平的影响。我们发现了中国财政转移支付激励地方政府提供基本公共服务的理论逻辑：中央政府试图通过加大转移支付力度弥补地方财政能力不足，进而引导和激励地方政府提升对公共服务的投入行为，实现地区间基本公共服务均等化。但是，在中国式分权背景下，地方政府掌握着更全面的信息且有机会主义倾向，它们不仅希望实现财政收入最大化，也希望通过支出最大化实现官员晋升的目的。在财政能力和官员晋升的双重压力下，地方政府支出更容易转向生产性领域，这是因为：①生产性领域能够创造更多的税源；②生产性领域更容易创造政绩。中央和地方目标的非一致性，导致政府层级间的激励不相容。中央通过转移支付实现公共服务均等化的政策初衷，完全可能因为地方政府支出偏好的变化而失效，财政压力较大的落后地区更容易陷入“破罐子破摔”的困局。专项转移支付虽然能够更有效地保证中央目标的实现，有利于公共服务供给，但它主要采取项目制，实行的是自上而下申报，而地方政府具有的信息优势会使其夸大项目信息，项目申报事前、事中和事后存在信息不透明的现象，会造成公共服务供给资金使用的低效率。最后，我们基于多任务委托代理模型，分析如何设计有效的激励相容型转移支付制度，使县级政府能够最大限度地按照中央政府的意图提供公共服务。

第4章，我国县级转移支付财力均等化效应的实证分析。首先，需要在制度设计上解决通过转移支付实现财力均等化的问题。本章从实证层面验证现行转移支付制度的财力均等化效应。第一，计算县级政府接受总量转移支付前后人均财力的基尼系数，用于衡量转移支付前后人均财力分布的不平等状况。第二，采用基尼系数在转移支付前后的变化率，评估转移支付的财力均等化效应。由于转移支付包括税收返还、一般性转移支付和专项转移支付三部分内容，它们在平衡地区财力中的作用不同，需要进一步计算其各自的财力均等化效应，然后采用收入来源分解法，把基尼系数按照贡献值、贡献率和相对集中系数进行分解，分析转移支付对财力均等化的贡献度。第三，按照转移支付的规模、相对相关系数和自身的基尼系数做进一步的基尼系数分解，分析影响财政转移支付均等化效应的因素。总体而言，全国县级财力差距主要还是由本级财政收入差距过大所致。尽管转移支付对财力差距起到了促减作用，但均等化效应较强的一般性转移支付比重较小，专项转移支付规模过于膨胀，这严重影响了一般性转移支付在均衡地区财力差距中的作用发挥。税收返还会扩大地区间的财力差距，虽然其规模有所缩小，但是其财力非均等化作用仍然很大。因此，仅仅通过财政转移支付扭转财力不平等，并不能达到理想的效果，应在加强财力初次分配均衡性的基础上，逐步提高一般性转移支付的比重，压缩专项转移支付项目数量，逐步取消税收返还，这样才能逐步缩小地区间的财力差距，为基本公共服务均等化打下坚实的财力基础。

第5章，我国县级转移支付对基本公共服务均等化的激励效应分析。要实现基本公共服务均等化，还需在制度设计上做到有效地激励县级政府把获得的转移支付资金更多地应用于基本公共服务领域。本章研究在政府支出偏好作用下，转移支付对各地公共服务水平的激励效应。首先，根据财政分权和政绩考核机制下县级政府目标与其支出偏好的关系，将政府支出偏好引入转移支付对县级基本公共服务均等化的激励模型，全面衡量转移支付对县级基本公共服务均等化及各分项指标的影响系数，以及政府支出偏好在转移支付对县级基本公共服务均等化影响中的调节作用。其次，区分东、中、西部地区，省直管县，贫困县等，进行转移支付对县级基本公共服务均等化作用效果的稳健性检验。最后，验证转移支付对县级基本公共服务水平影响的门槛效应。研究发现：转移支付规模扩大会显著降低政府自身的积极性，削弱其对公共服务建设的努力，但政府公共服务支出偏好的存在也削弱了转移支付对公共服务水平的负向作用。随着政府公共服务支出偏好的增强，转移支付对公共服务的促进作用将占主导地位，表现为抑制当地公共服务水平的提升。但是，当政府公共服务支出偏好较小时，转移支付不利于当地公共服务水平的提升。地方政府公共服务支出偏好的增强可以强化地方政府的激励，有利于公共服务水平的提高，因而可以有效利用转移支付提高当地公共服务水平，以促进基本公共服务均等化。

第6章，结论与政策建议。本章在总结研究结论的基础上，提出通过优化转移支付目标、结构和资金分配方法等来强化对地方政府的激励和约束，使得转移支付能够有效促进基本公共服务均等化水平的提高；同时提出通过科学划分事权和支出责任夯实转移支付制度运行基础、改革基本公共服务均等化供给的绩效考评主体、构建转移支付绩效评价体系等方面的政策建议。

1.4 研究方法

本书在财政分权理论、公共产品理论、转移支付理论、财政激励理论的基础上，综合运用文献梳理法、数理分析法、实证分析法、规范分析法等方法，对现行转移支付制度既无法实现财力均等化目标，也不能有效激励县级政府努力提供公共服务水平的制度困境进行全面而系统的分析。

（1）文献梳理法。结合财政分权理论、公共产品理论、转移支付理论、财政激励理论等，对国内外相关文献进行归纳、总结。

（2）数理分析法。基于“中国式分权（财政分权和政治晋升）—地方政府行为异化—转移支付—财政能力差距与行为偏好—激励不相容—基本公共服务不均等”的内在逻辑，从理论层面系统阐释转移支付扭曲县级政府行为，进而影响基本公共服务供给水平的作用机制。进一步地，基于多任务委托代理模型，分析如何设计有效的激励相容型转移支付制度，使县级政府能够最大限度地按照中央政府的意图提供公共服务。

（3）实证分析法。首先，系统探究我国地区间财力差距的形成机制，测度转移支付财力均等化效应水平。利用基尼系数分解法，计算县级政府接受总量转移支付前后人均财力的基尼系数，并将其用于衡量转移支付前后人均财力分布的不平等状况。其次，根据收入来源分解法，把基尼系数按照贡献值、贡献率和相对集中系数进行分解，分析转移支付对财力均等化的贡献度。再次，基于转移支付的规模、相对相关系数和自身的基尼系数做进一步的基尼系数分解，分析影响财政转移支付均等化效应的因素。最后，利用固定效应和面板门槛方法测量在政府支出偏好作用下，转移支付对各地公共服务水平的激励效应。

（4）规范分析法。由我国现行转移支付制度无法实现县级基本公共服务均等化的现实情况，我们得出“应该”重新构建符合激励相容特征的转移支付制度的“价值判断”，即实现转移支付促进基本公共服务均等化，需要在制度设计上解决两个方面的激励问题：一是如何在激励县级政府增加财政收入基础上实现财力均等化；二是如何有效地激励县级政府把获得的转移支付资金更多地应用于基本公共服务领域。我们认为，在调整转移支付结构促进区域基本公共服务均等化时，应通过优化转移支付目标和资金分配方法来强化对地方政府的激励和约束，使转移支付的激励效应能够有效促进基本公共服务均等化水平的提高。

1.5 创新和不足之处

1.5.1 创新之处

从学术思想方面来看，本书重在研究转移支付的基本公共服务均等化目标实现问题，并将激励相容理念融于转移支付制度优化之中，力图突破传统的转移支付理论研究范式。

从学术观点方面来看，基于“中国式分权（财政分权和政治晋升）—地方政府行为异化—转移支付—财政能力差距与行为偏好—激励不相容—基本公共服务不均等”的内在逻辑，从理论层面系统阐释转移支付对县级政府行为的激励不相容问题，进而阐述其对基本公共服务供给水平的影响。研究发现，中央政府试图通过加大转移支付力度、弥补地方财政能力不足来引导和激励地方政府提升对公共服务的投入行为，实现经济发展成果的共享共建。但是，在中国式分权背景下，地方政府掌握着更全面的信息且具有机会主义倾向，它们不仅希望实现财政收入最大化，也希望通过支出最大化实现官员晋升的目的。在财政能力和官员晋升的双重压力下，地方政府的支出偏向更容易转向生产性领域，这是因为：一方面，生产性领域能够创造更多的税源；另一方面，生产性领域更容易创造政绩。这也就会导致中央和地方政府目标的不一致，从而出现政府层级间的激励不相容。中央通过转移支付实现公共服务均等化的政策初衷，完全可能因为地方政府支出偏好的扭曲而失效，从而弱化了中央的财力分配决策，尤其是财政压力较大的落后地区，更容易陷入破罐子破摔的困局。从该意义上讲，厘清转移支付对基本公共服务均等化的影响机制，尤其对不同类型和不同地区的转移支付进行对比分析和检验，对完善我国现行转移支付制度和提升基本公共服务均等化水平具有十分重要的现实意义。因此，要实现基本公共服务均等化，中央政府仅仅通过加大转移支付力度、平衡地区财力是远远不够的，更为重要的是，要创新转移支付分配方式，更好地激励县级政府提供基本公共服务，否则，中央政府提供的大规模转移支付资金根本无法有效转化为均等化的公共服务供给。县级基本公共服务均等化是县级政府财政能力和行为偏好共同作用的结果。

从研究方法来看，在第2章，从基本公共服务“投入”和“产出”维度，我们构建了一个包含义务教育、医疗卫生和社会保障等的3项二级指标、10项三级指标的基本公共服务综合评价指标体系，继而使用熵权值法确定各分项指标权重，加总合成基本公共服务指数，并运用基尼系数方法对县级基本公共服务总体和三个分项项目均等化程度做出评价。在第4章，利用基尼系数分解法，计算总量转移支付前后人均财力的基尼系数，并将其用于衡量转移支付前后人均财力分布的不平等状况；然后，根据收入来源分解法，把基尼系数按照贡献值、贡献率和相对集中系数进行分解，分析转移支付对财力均等化的贡献度；最后，结合转移支付的规模、相对相关系数和自身的基尼系数，做了进一步的基尼系数分解，分析影响财政转移支付均等化效应的因素。在第5章，利用固定效应和面板门槛方法测量在政府支出偏好作用下，转移支付对各地公共服务水平的激励效应。

1.5.2 不足之处

（1）县级数据长度和可获得性不足。本书中的财政数据主要来源于财政部国库司编制的《全国地市县财政统计资料》和《中国县（市）社会经济统计年鉴》。这是现有研究县级财政的重要参考依据，有十分详细的县级转移支付的总量和分项数据，能够分析转移支付总量和结构对基本公共服务均等化的影响。但是，由于数据相对较为陈旧，可能并不能很全面地反映转移支付对县级基本公共服务均等化的影响，尽管我们尝试利用《中国县域统计年鉴》把县级义务教育、医疗卫生和社会保障等基本公共服务的产出指标延长到了2019年，但由于缺乏相关投入指标，还是无法很好地测度近年来我国县级基本公共服务指数及均等化水平。

（2）研究对象有待具体化。本书的研究对象是县级政府，县级政府是公共服务的提供者，但我国省以下财政体制模式多样，省、市、县之间的转移支付制度安排也存在较大差异，我们很难对县级政府接受转移支付后的支出行为进行特殊化分析，因此对县级转移支付制度和基本公共服务更多的是采用一般化的分析方法。

第 2 章
我国县级基本公共服务均等化的理论内涵与现实考察
Chapter Two

2.1 基本公共服务均等化的内涵界定

清晰界定基本公共服务均等化的内涵，是本书研究的基础。我们将沿着“公共服务—基本公共服务—基本公共服务均等化”的内在逻辑展开分析。

2.1.1 公共服务的内涵

国外对公共服务的研究大多是从公共产品角度展开。大卫·休谟（1896）把公共产品界定为“不会对社会中任何人产生突出的利益，但对整个社会而言却是必不可少的物品”①。萨缪尔森（1954）把公共产品界定为所有成员联合消费的集体消费品。马斯格雷夫（1969）把产品分为公共产品、私人产品和有益产品。最早提出公共服务概念的学者是瓦格纳，他把公共服务与国家需要联系在一起，指出国家财政是公共服务的重要资金来源。自瓦格纳提出公共服务概念以后，尽管学术界对公共服务进行了研究，但与公共产品概念的界定不同，对于公共服务的概念，学术界始终存在争议。概括来讲，主要有以下四种观点：①公共服务与公共产品等同。公共服务是具有公共产品两大属性的商品和劳务，公共产品具有非排他性（nonexchcludability）和非竞争性（nonrivalry）属性（高培勇，2004；江明融，2006）。②公共服务等同于无形的公共产品。公共服务是以服务形式

① HUME D A. A treatise on human nature [M]. Oxford: Clarendon Press, 1896: 15-20.

存在的公共产品（娄成武和尹涛，2003），强调政府产出的有形性。③公共服务等同于政府职能。有的学者把公共服务、经济调控、市场监管和社会管理并称为政府的四大职能（李学军 等，2007；廖文剑，2008）。④强调公共服务是分散居民风险的行动方式。刘尚希（2007）认为，公共服务是政府采用一系列公共支出行为来分散居民在健康、教育、养老、食品等方面的风险，以实现居民消费平等化。

我们认为，学术界对公共服务的概念之所以始终存在争议，可能与研究者的研究视角、学科背景有较大关系。实际上，公共服务和公共产品的概念并无太大本质上的差别，它们都是由政府提供给社会成员联合消费的、效用不可分割的产品和服务。

2.1.2 基本公共服务的内涵

国内学者对基本公共服务的理解主要有三种观点：①基本公共服务是满足低层次消费需求的公共服务。按照马斯洛的需求层次理论，吃饭、穿衣、安全等是基本的生存需求，这些需要由政府来满足（刘尚希，2007；基本公共服务课题组，2008；张晋武 等，2009）。《国家基本公共服务体系“十二五”规划》强调了基本公共服务在保障全体公民生存和发展基本需求方面的属性。②基本公共服务是保障公民社会权利的公共服务（唐钧，2006；陈海威、田侃，2007），包括底线生存服务、公众发展服务、基本环境服务、公共安全服务四方面内容。③基本公共服务是具有较强公益性的公共服务。蔡放波（2007）、张立荣等（2011）把具有较强公益性、保障社会整体福利、没有营利或营利空间较小的公共服务界定为基本公共服务。《“十三五”推进基本公共服务均等化规划》把基本公共服务的范围界定为公共教育、劳动就业创业、社会保险、医疗卫生、社会服务、住房保障、公共文化体育、残疾人服务八个领域。

我们认为，基本公共服务要立足于公民的生存和发展需求，以人的生存和发展为中心，强调政府提供基本公共服务的主体责任，关注基本公共服务体系的普惠性、全覆盖和均衡发展。

2.1.3 基本公共服务均等化的内涵

公共财政理论中对公共服务均等化的较早论述来源于庇古（1928）的国民收入均等化思想。Buchanan（1950）的财政均等思想具有奠基作用，他认为通过向财力富裕地区的居民征收一定数额的税收补助给财力贫困地区居民，可实现"财政剩余"的平等①。国内学者主要从公民权利、机会能力获取、公共服务提供标准、政府财政能力和公共服务提供结果等方面对均等化的内涵进行界定。"权利均等"强调享受到标准统一的基本公共服务是公民的基本权利（唐钧，2006；丁元竹，2008）。"机会均等"是指不能因为所处环境不同，影响公民获取公共资源的机会（刘尚希，2007；常修泽，2007；迟福林，2008）。《"十三五"推进基本公共服务均等化规划》也强调，基本公共服务的核心是促进"机会均等"。"底线均等"是指基本公共服务均等化的标准要满足最低需求（陈昌盛，2007；郭小聪等，2013）。"财政能力均等"是指只有实现了地区间财政能力的均等化，才有利于促进地区政府提供公共服务的积极性（王伟同，2008）。"结果均等"是指不论居民处于何地，都能享受到大致相同的基本公共服务（安体富 等，2007；贾康，2007）。我们必须看到的是，区域经济发展不平衡是我们国家当前发展所具有的重要特征，由此造成了我国基本公共服务较为严重的供给不足，义务教育、社会保障、医疗卫生等基本公共服务在城乡之间、地区之间还存在较大差距。因此，仅仅依靠权利均等、机会均等、结果均等、底线均等中的某一个概念，根本无法有效反映当前我国居民的现实需求，应该综合使用这些概念。我们认为，基本公共服务均等化就是以满足居民的基本需求为中心，使居民不论居住在何处，都能享受到机会均等、底线均等、标准统一的基本公共服务，并随着一国

① BUCHANAN J M. Federalism and fiscal equity [J]. American Economic Review, 1950, 40 (4): 583-599.

经济社会发展水平在不同时期的动态演变而动态调整。具体来讲，包括以下四个方面：

（1）机会均等。机会均等是全体公民获得基本公共服务的首要内容。它不仅包括利用公共资源的机会均等，如教育、医疗卫生、社会保障、就业等公共资源要向全体公民开放，不因为所处的环境不同影响居民平等获取公共资源的机会，也包括居民在享受教育、医疗、社会保障、就业等基本公共服务时的起点均等。机会均等赋予所有公民平等的经济社会权利，使所有公民能够站在同一起跑线上进行竞争，不会因为性别、年龄、职业、户籍、民族、地域等的差异，让居民享受基本公共服务的机会和权利被随意剥夺或被区别对待。我国人口众多，区域差异、城乡差异明显，居民所处的环境不尽相同，但这并不能影响居民获取公共资源的机会，居民应拥有相同的享受基本公共服务的机会。改革开放以来，我国有大量农村剩余劳动力向城市转移，但农民工及其家属在获得教育、医疗卫生、社会保障、就业等机会上与城市居民存在较大差异，以社会保障为例，农民工的社会保障参保率普遍偏低、保险覆盖面窄、缴费难、在地区间转移难。2008—2011 年，农民工工伤保险参保率分别为 21.9%、24.3%、26.0%和 27.0%（乔俊峰，2013）。党中央和国务院的诸多重要文件也多次提出，要重视居民享受基本公共服务的机会均等。例如，在《国家基本公共服务体系“十二五”规划》《“十三五”推进基本公共服务均等化规划》中都明确：“基本公共服务均等化的核心是促进机会均等，重点是保障人民群众得到基本公共服务的机会，而不是简单的平均化。”

（2）标准统一。标准统一要求不论居民身居何处，都可以享受到没有差别对待的基本公共服务。新中国成立以来，我国基本公共服务的提供在区域之间、城乡之间标准不统一。以区域基本公共服务为例，我国东、中、西部地区经济发展水平不同，地方政府财力不同：中西部地区更多地表现为“吃饭财政”，依靠上级的转移支付维持人员工资发放和运转，基本公共服务提供的标准较低；东部地区则由于税源充足、财力雄厚，能够以更高的标准提供教育、医疗卫生和社会保障等基本公共服务。《国家基本公共服务体系“十二五”规划》《“十三五”推进基本公共服务均等化规划》相继明确了各类基本公共服务的国家标准和建立国家基本公共服务清单制度。国家基本公共服务清单制度以清单形式明确了政府的责任和义务，标准体系在内容设计上更加明确、具体和程序化，并实现了动态调整，也更有利于公民监督政府提供基本公共服务的行为。

（3）底线均等。基本公共服务均等化不是绝对均等，而是围绕底线均等原则进行分配。按照马斯洛的需求层次理论，人们的需求存在多个层次，既有吃饭、穿衣、安全等基本生存需求，也有更高层次的生活需求，不论从技术层面还是制度层面，政府提供基本公共服务都无法满足不同区域、城乡居民的各层次需求。贾晓俊等（2015）认为，基本公共服务均等化强调最低水平的公共服务，在全国不同地区间大致相同。底线均等强调居民最低层面需求的满足，具体包括义务教育、医疗卫生、社会保障、就业等基本生活和生存需求，是维护人的尊严的基本条件。

（4）均等化的实现具有动态性。基本公共服务均等化水平会随着一国经济社会发展水平在不同时期的动态演变而有所变化。在经济社会发展初期，由于各级政府财力有限，只能提供居民急需的较低层次的基本公共服务。随着经济社会发展水平的不断提高，各级政府财力不断增强，均等化的范围不断扩大。新时代，我国的基本矛盾发生了变化，以人的发展为中心，满足居民的多层次需求，已经成为基本公共服务体系建设的主要内容。但与此同时，随着我国经济增长放缓，“营改增”及一系列减税降费政策的实施，地方财政压力陡增，财政收支缺口增大。这也使公共服务供求双方力量发生了较大变化。因此，均等化所涵盖的内容以及达到的标准要渐进式扩展，要随各级政府财力的不断增长、城乡差距的逐步缩小和人们对社会公平的认识，分层次、分阶段有序推进。

2.2 我国县级基本公共服务均等化水平

2.2.1 我国县级基本公共服务综合评价指标体系构建

一般来讲，我们可以从投入和产出两个方面测度基本公共服务均等化水平。就投入指标来说，由于政府是基本公共服务的投入主体，投入均等化能够反映地方政府提供基本公共服务的能力，它也是国际上经常使用的指标。投入均等化反映的是，在基本公共服务体系建设过程中，每个区域都能够在同一水平上进行基本公共服务的投入。它会影响到产出均等化，即最终居民享受基本公共服务的机会均等。但是，投入均等化并不一定会带来产出的增长。例如教育，更多地关注教育基础设施投入，而忽视诸如贫困学生、留守儿童和随迁子女的教育水平，未必能够实现教育均等化。再如医疗卫生，关注贫困人口、农村地区人口能否获得医疗卫生服务远胜于关注有多少经费用于购置高昂的医疗设备，更有利于医疗卫生服务均等化。因此，完整的基本公共服务均等化评价体系应该从投入和产出两个角度考虑，既要做到投入的均等化，以反映一个地区用于基本公共服务的财政投入数量，也要保证产出的均等化，以反映投入所带来的产出效果。

如何确定基本公共服务的内容决定着本书模型中的变量设定。不同的研究视角、不同的涵盖范围会形成不同的指标体系。尽管现有研究对基本公共服务的边界没有形成统一认识，但我们需要充分考虑县级政府的财政能力、满足居民基本权利需求和均等化的现实可能性，进而明确基本公共服务的范围。我们认为，义务教育、医疗卫生和社会保障等基本公共服务应成为县级政府关注的重点领域。原因有以下三点：①义务教育、医疗卫生和社会保障是我国县级政府最急需改善的基本公共服务。政府的一项重要职能就是纠正市场机制的缺陷，为全体公民提供普遍的、均等的医疗卫生、社会保障、教育等公共服务。这不仅是政府的基本职能，也是公民应该享有的社会权利。近年来，我国加大了义务教育、医疗卫生和社会保障等方面的投入，基本公共服务水平也有了较大幅度提升，但是目前教育机会不平等、健康权利不平等、社会保障不平等仍然在地区之间、城乡之间普遍存在。②义务教育、医疗卫生、社会保障的基本公共服务均等化是实现城乡融合发展的重要任务。面对日益拉大的基本公共服务地区差距和城乡差距，自 2006 年起，党中央和国务院高度重视基本公共服务均等化，党的十六届三中全会以来的历次重要会议，都明确了实现基本公共服务均等化的宏伟目标。国务院及相关部委也相继针对义务教育、医疗卫生、社会保障等基本公共服务体系建设出台了一系列制度文件。国务院先后印发的《国家基本公共服务体系“十二五”规划》《“十三五”推进基本公共服务均等化规划》，明确把义务教育、医疗卫生、社会保障作为“国家基本公共服务制度”的重要建设内容，从服务对象、保障标准、支出责任和覆盖水平等方面进行可操作性设计。③义务教育、医疗卫生、社会保障是县级政府民生支出的主要内容。从国际经验看，世界各国均把义务教育、医疗卫生、社会保障作为最主要的基本公共服务，我国也是如此。2017 年，在我国地方一般公共支出决算中，教育、医疗和社会保障支出分别达到 28604.79 亿元、14343.03 亿元和 23610.57 亿元，三项支出之和占地方一般公共预算支出的 38.42%。这说明，义务教育、公共卫生、社会保障是与人民群众生活最为密切、最重要的基本公共服务①。

由于基本公共服务类型的多样化，且要考虑投入、产出和效果等方面因素，所以很难用单一指标对基本公共服务均等化进行评价。陈昌盛等（2007）把基本公共服务分为 8 种类型，按照 165 个分项指标进行体系构建。安体富和任强（2008）构建的指标体系包括 4 个级别 25 个指标。张启春和张帆（2009）构建的中部六省公共服务指标体系包含 3 个级别 28 个指标。魏福成和胡洪曙（2015）构建的评价体系包含 7 种类型基本公共服务和 28 个分项指标。杨光（2015）构建的评价体系包含 5 种类型基本公共服务和 16 个分项指标。辛冲冲和陈志勇（2019）把基本公共服务分

① 边旭东．我国区域基本公共服务均等化研究［D］．北京：中央民族大学，2010.

为5种类型，按照78个分项指标进行体系构建。武力超等（2014）、熊兴等（2018）在市级层面分别构建了包含5个方面7个指标和包含8个方面27个指标的评价体系。综上所述，现有研究主要在省级层面和地市级层面选择多个指标构建综合评价体系，较少涉及县级层面综合评价指标体系的构建。这可能与县级基本公共服务指标获取相对困难有关。本书基于财政部国库司编制的《全国地市县财政统计资料》《中国县（市）社会经济统计年鉴》《中国县域统计年鉴》，在参考周黎安和陈祎（2015）的公共服务指标选取标准的基础上，充分考虑县级数据的可得性，从义务教育、医疗卫生和社会保障三个方面，选取6项投入指标（人均教育支出、教育支出占财政支出比重、人均医疗支出、医疗支出占财政支出比重、人均社会保障支出、社会保障支出占财政支出比重）和4项产出指标（每万人在校中小学生人数、每万人医院床位数、每万人福利院个数、每万人福利院床位数），构建了基本公共服务综合指标体系，见表2-1。

表2-1　基本公共服务综合指标体系

一级指标	二级指标	单项指标
基本公共服务指数	义务教育	人均教育支出（万元/人）
		教育支出占财政支出比重（%）
		每万人在校中小学生人数（人）
	医疗卫生	人均医疗支出（万元/人）
		医疗支出占财政支出比重（%）
		每万人医院床位数（床）
	社会保障	人均社会保障支出（万元/人）
		社会保障支出占财政支出比重（%）
		每万人福利院个数（个）
		每万人福利院床位数（床）

按照基本公共服务综合指标体系构成，我们需要拥有投入和产出指标，才能够很好地计算基本公共服务综合指标水平和变动趋势。但是，由于2007年以后统计口径进行了较大调整，县级义务教育、医疗卫生和社会保障等基本公共服务的投入指标无法获取，我们无法全面反映县级基本公

共服务投入的变动趋势。县级基本公共服务产出指标能够从历年的《中国县域统计年鉴》中获取，从而使我们能够将数据年份延长至 2019 年，反映近 20 年我国县级基本公共服务的变化趋势。《中国县域统计年鉴》包含 5 个反映县级基本公共服务产出的指标，分别为普通中学在校学生数、普通小学在校学生数、医院卫生院床位数、各种社会福利收养性单位数和各种社会福利收养性单位床数，这 5 个指标涵盖了基本公共服务中的义务教育、医疗卫生和社会保障三方面，基本能够反映县级基本公共服务水平。为了和基本公共服务综合指标体系保持一致，本书将普通中学在校学生数和普通小学在校学生数进行加总，合成中小学在校生人数。

本书选取的样本县市 2000—2019 年县级每万人中小学在校生人数变化如图 2-1 所示。从图中可以看出，每万人中小学在校生人数呈逐年下降趋势，2013 年以后，中小学在校生人数趋于稳定。县市中小学在校生人数的变化趋势与我国历年人口出生率的变化趋势高度一致。这说明，中小学在校生人数逐年减少是由总人口中的出生人口决定的，适龄儿童失学、辍学等现象对中小学在校生人数的影响微乎其微。

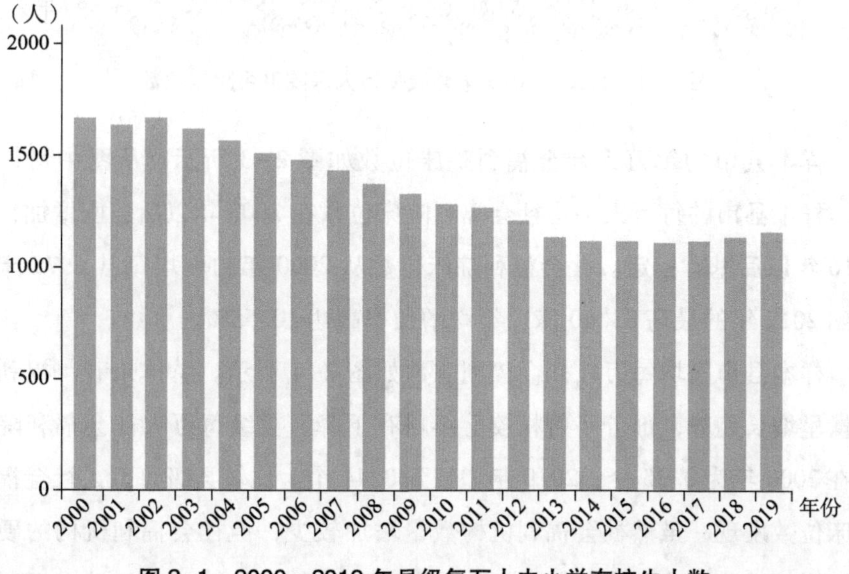

图 2-1　2000—2019 年县级每万人中小学在校生人数

2000—2019 年县级每万人医院卫生院床位数如图 2-2 所示。从图中可以看出，2000—2019 年，医院卫生院床位数不断增加，2005 年以前，增加较为平稳，2005 年之后，每万人医院卫生院床位数急剧增长。这表明，我国县级医疗卫生资源总量在不断提升，人民群众的就医条件得以改善。同时，也反映出，随着经济的不断发展，我国居民对医疗健康服务的需求不断增加，对健康越来越关注。

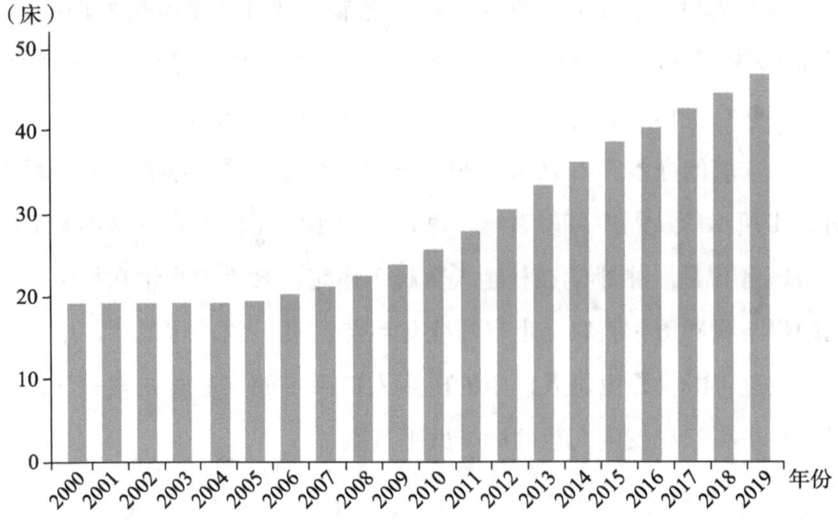

图 2-2　2000—2019 年县级每万人医院卫生院床位数

样本县市的每万人社会福利院床位数如图 2-3 所示。从图中可以看出，样本县市的每万人平均社会福利院床位数在 2003 年以后急剧增加，在 2016 年以后基本稳定。社会福利院床位数从 2000 年的平均每县 6.75 床增加到 2017 年的最高 33.60 床，年均增长率高达 10.55%。

样本县市平均每万人社会福利院数如图 2-4 所示。总体来看，福利院数量呈增长趋势，部分年份相较上年略有下降。县级每万人社会福利院数量在 2000 年为 0.35 个，2019 年增长到 0.44 个。比较县级每万人社会福利院床位数发现，虽然社会福利机构数量增加较少，但社会福利机构的硬件设施增长迅速。这表明，社会福利院的办院条件在持续改善，社会福利院床位数有较大增加，社会福利院规模不断扩大。

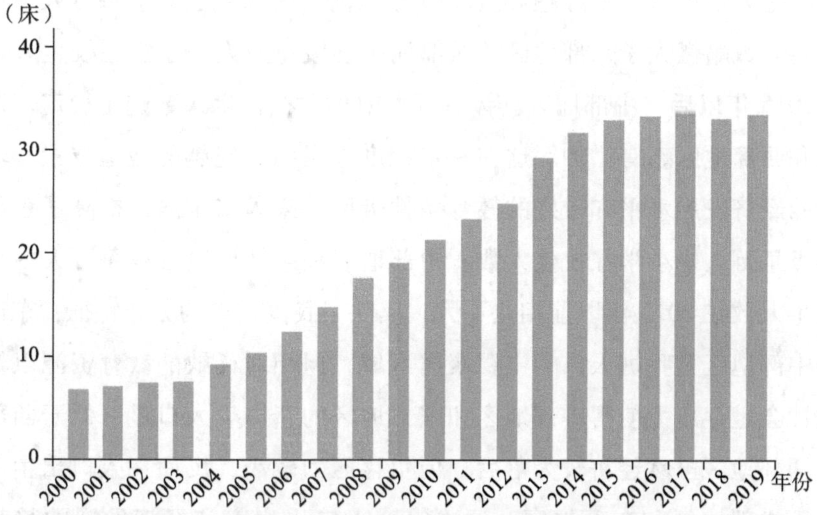

图 2-3　2000—2019 年县级每万人社会福利院床位数

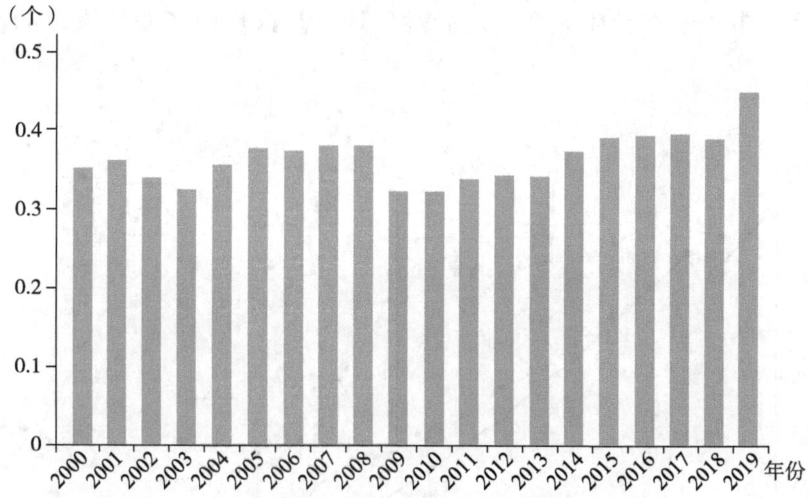

图 2-4　2000—2019 年县级每万人社会福利院数

我国地域广阔，东、中、西部地区经济发展差距较大，基本公共服务水平存在较大差异。我们进一步分析东、中、西部地区县级义务教育、医疗卫生和社会保障等基本公共服务的变动情况。分地区县级中小学在校生人数变化如图 2-5 所示。2015 年以前，东、中、西部地区县级每万人中小学在校生人数均呈现下降趋势。2013 年以前，中部地区县级每万人中小学在校生人数略微大于东部地区，西部地区县级每万人中小学在校生人数最多。2015 年以后，中部地区县级每万人中小学在校生人数趋于稳定，东部地区和西部地区略有增加。这在一定程度上说明，优越的地理位置、较为发达的经济发展水平和较好的教育条件吸引外来人口定居，推高了东部地区县级每万人中小学在校生人数。中部地区和东部地区县级每万人中小学在校生人数在 2013 年以前相差不大，反映了我国人口的分布特征：东部地区和中部地区是我国人口的主要聚居区域，但相对稀缺的教育资源以及较大的社会生存压力使得中部地区和东部地区的新出生人口显著低于西部地区，西部地区虽然经济较为落后，但生存压力较小，反而在人口出生率方面高于中部地区和东部地区，这也符合人口出生率和经济发展的趋势关系。2013 年以后，东部地区县级每万人中小学在校生人数超过中部地区县级每万人中小学在校生人数，之后逐年增加。这反映了我国人口的流动趋势。

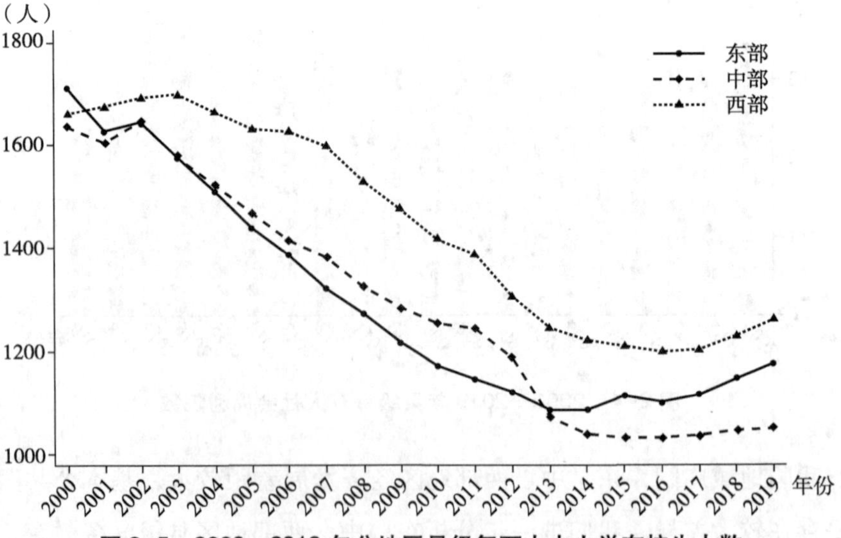

图 2-5 2000—2019 年分地区县级每万人中小学在校生人数

分地区县级每万人医院卫生院床位数变化如图 2-6 所示。无论是东部地区、中部地区还是西部地区，县级每万人医院卫生院床位数均有较大幅度增加。2000—2019 年，东部地区该指标增长了 2.42 倍，中部地区该指标增长了 2.36 倍，而西部地区该指标增长了 2.79 倍，增幅最大。这得益于国家对中西部地区的持续性转移支付，中西部地区的公共服务水平尤其是医疗硬件设施得到较大程度的改善。

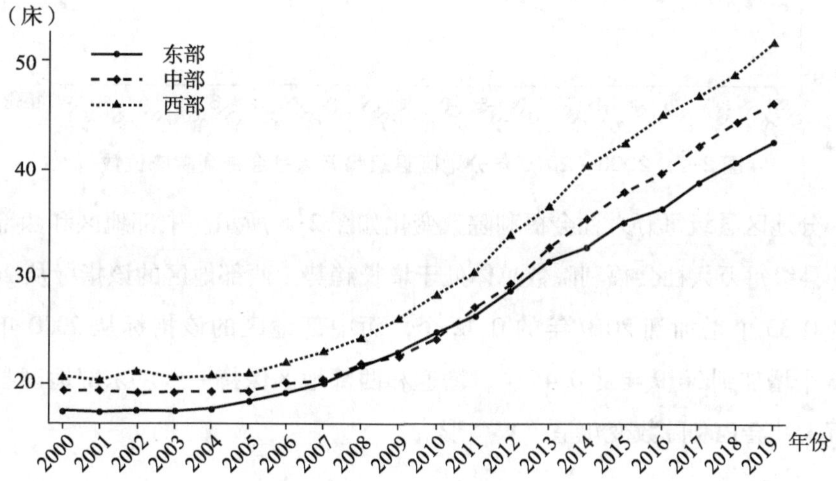

图 2-6　2000—2019 年分地区县级每万人医院卫生院床位数

分地区县级每万人社会福利院床位数变化如图 2-7 所示。从总体上来看，县级社会福利院床位数呈现大幅增长趋势。其中，东部地区的该指标在 2000—2015 年处于快速增长阶段，2012—2015 年，东部地区社会福利院床位数急剧增加，从 2016 年开始又逐年下降，可能的原因是 2012—2016 年，东部地区投入较多的资金用于增加社会福利院床位数，但东部地区较快的经济增长速度使得社会对社会福利院床位的需求量下降，从而使得社会福利院床位数同步下降。中部地区和西部地区县级每万人社会福利院床位数呈逐年增长趋势。2006 年以后，西部地区县级每万人社会福利院床位数开始快速增长，而东、中部地区从 2003 年就进入快速增长通道，这和我国东、中、西部地区的经济发展格局具有一致性。

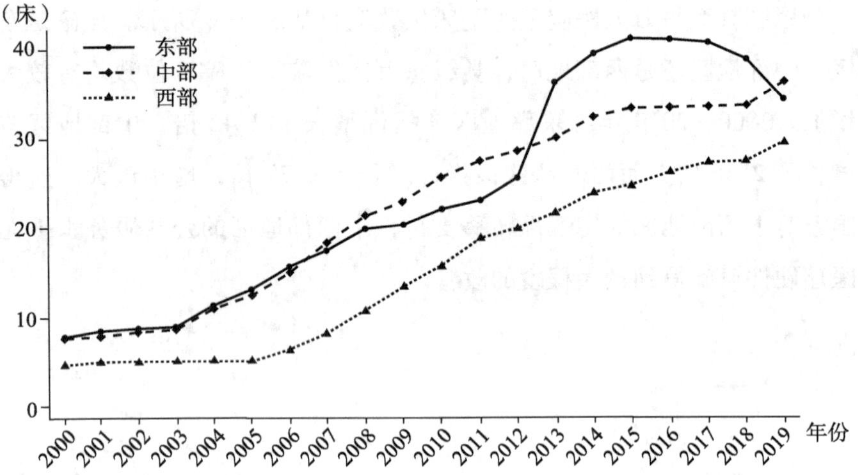

图 2-7　2000—2019 年分地区县级每万人社会福利院床位数

分地区县级每万人社会福利院数变化如图 2-8 所示。中部地区和西部地区的县级每万人社会福利院数总体处于增长趋势。西部地区的该指标从 2000 年的 0.33 个增加到 2019 年的 0.42 个，而中部地区的该指标从 2000 年的 0.36 个增加到 2019 年的 0.45 个，增速和西部地区保持一致。东部地区县级每万人社会福利院数变化呈“W”形。

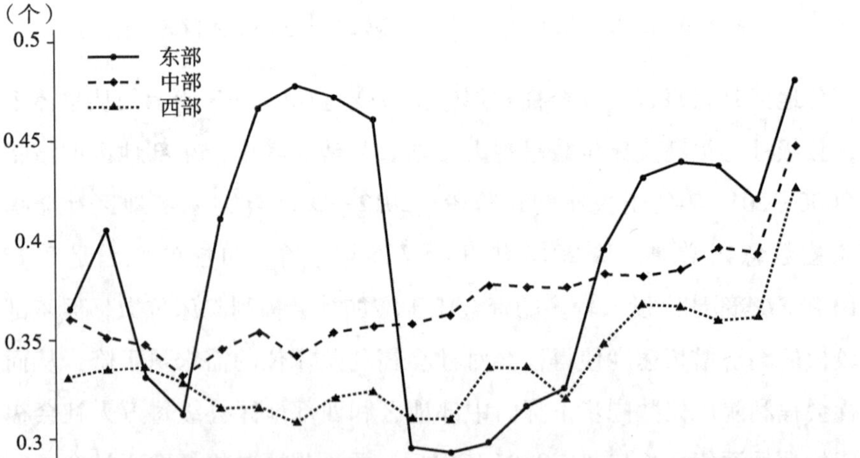

图 2-8　2000—2019 年分地区县级每万人社会福利院数

2.2.2 我国县级基本公共服务均等化的评价方法

基本公共服务指标体系的评价方法大致有三种：第一种是综合评价法。安体富等（2008）采用该评价方法，得出我国基本公共服务水平的差距正在逐渐扩大的结论。刘成奎等（2011）利用此方法研究城乡间基本公共服务均等化水平，得出我国城乡基本公共服务均等化指数总体呈上升趋势的结论。第二种是层次分析法，这是主观赋权法的一种。王新民等（2011）利用层次分析法构建了基本公共服务均等化的多层次指标评价体系。第三种是熵权法，这是客观赋权法的一种。马慧强等（2011）运用熵权法对我国市级基本公共服务供给水平进行了空间差异分析。

根据以上三种方法的介绍和使用情况，结合本书研究的特点，我们采用熵权法来测度基本公共服务供给水平。具体测算步骤如下：

（1）由于组成基本公共服务指标体系的各个分项指标的计量单位不一样，无法进行统一量化，因此需要先对数据进行无量纲化处理。这里，我们采用极值标准化法消除量纲：

$$x_{ij}'=\begin{cases}\dfrac{x_{ij}-x_{\min}}{x_{\max}-x_{\min}}\times 10 & (x_{ij}\text{为正向指标})\\[2ex] \dfrac{x_{\max}-x_{ij}}{x_{\max}-x_{\min}}\times 10 & (x_{ij}\text{为负向指标})\end{cases} \tag{2-1}$$

其中，x_{ij}'为第 i 年 j 县的某个指标无量纲的值，x_{ij}为第 i 年 j 县该指标的原始数据，$x_{\max}$、$x_{\min}$分别为基期该指标的最大值和最小值。本书综合考虑了数据的可获得性，将 2000 年作为基期。

（2）采用熵权法，给每一单项指标赋予相应权重。熵权法作为客观评价指标体系权重的方法，克服了德尔菲法主观评价的不足，反映了指标体系内部的变异程度。变异程度越高，熵权法计算的权重越大。公式如下：

$$\begin{cases} p_{ij} = \dfrac{r_{ij}}{\sum\limits_{i=1}^{m \times n} r_{ij}} \\ e_j = \dfrac{1}{\ln(m \times n)} \sum\limits_{i=1}^{m \times n} p_{ij} \ln p_{ij} \\ w_{ij} = \dfrac{(1 - e_j)}{\sum\limits_{j=1}^{k} (1 - e_j)} \\ z_j = \sum\limits_{i=1}^{m \times n} w_{ij} r_{ij} \end{cases} \tag{2-2}$$

其中，p_{ij}为第 i 个评价指标对第 j 个指标的贡献度；m 和 n 分别代表共有 m 年和 n 个县；e_j 为第 j 个指标的熵值；w_{ij}为第 j 个指标的权重；z_j 为第 j 个指标的最终评价得分。

（3）用每一单项指标的权重合成义务教育指数、医疗卫生指数和社会保障指数，然后用同样的设定权重方法合成基本公共服务指数，用于测度县级基本公共服务水平。以上得到的单项基本公共服务指数以及各县级区划综合基本公共服务指数可反映各县市的单项及综合公共服务得分。

由于本书要衡量我国各县级政府的基本公共服务均等化水平，以及均等化的变动情况，最终还需要采用一定的统计指标衡量均等化的程度。现有测度方法主要通过基尼系数、泰尔指数、变异系数和极差系数等进行测度，各种方法的侧重点不同。泰尔指数能把总体不平等程度分解为组内不平等和组间不平等，但它的直观性不强。变异系数从相对角度来说明基本公共服务得分的离散程度，更易于多个样本进行比较，但是没有考虑各样本之间的差异。极差系数仅反映最高组和最低组之间的样本差异，而没有反映其他组之间的差异。基尼系数是测度不平等常用的一种指标，能够有效摆脱只关注均值差异的缺陷，因此，本书采用基尼系数进行测度，公式如下：

$$\mathrm{GINI}_t = \frac{1}{2n^2 \overline{Y_t}} \sum_i^n \sum_j^n | Y_{i,t} - Y_{j,t} | \tag{2-3}$$

其中，n 为样本数；$\overline{Y}$ 为各县级区划的基本公共服务指数；$Y_{i,t}$ 为第 i 个县级政府在时间 t 的基本公共服务指数；$Y_{j,t}$ 为第 j 个县级政府在时间 t 的基本公共服务指数；基尼系数 $GINI_t$ 为时期 t 内基本公共服务供给在县级政府之间的均等化程度，基尼系数 $GINI_t$ 越大，基本公共服务均等化指数在县级政府间的分布越分散，基本公共服务水平在县域间的均等化程度就越低，即不均等化程度越高。

2.3　我国县级基本公共服务均等化的测度

尽管我们对2000—2019年我国县级义务教育、医疗卫生和社会保障等基本公共服务进行了描述性分析，但由于缺乏2007年以后的县级义务教育、医疗卫生和社会保障等基本公共服务投入指标，还是无法很好地测度我国县级基本公共服务指数及均等化水平。为了完整地对我国县级基本公共服务均等化水平进行测度，本书尝试利用2000—2007年的县级基本公共服务投入产出指标，首先计算出县级基本公共服务指数，然后利用基尼系数测算出县级基本公共服务均等化水平，并分析均等化的变动趋势。

2.3.1　我国县级基本公共服务指数分析

从总体上来看，2000—2007年，我国县级基本公共服务指数不断提高，如图2-9所示。从各年份的最大值来看，中间略有波动，总体上升趋势明显。其中，2007年基本公共服务指数的最大值较往年有明显提升，达到0.4172。我国县级基本公共服务指数每年的最小值均在0.011以下且较为平稳。从平均值来看，全国县级基本公共服务指数提升明显，2007年平均基本公共服务指数达到0.1098。这说明，2000—2007年，我国县级基本公共服务指数在不断提升，且2007年比其他年份提升得快。

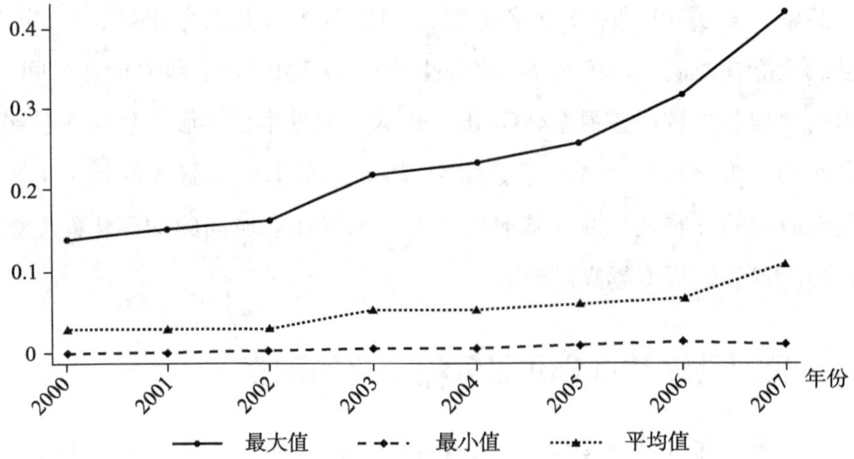

图 2-9　2000—2007 年我国县级基本公共服务指数

表 2-2 列示了使用熵权法计算的 2000—2007 年全国县级基本公共服务指数的最大值和最小值。从表中可以看出，在 2000 年，基本公共服务指数最高的县为江苏省兴化市，基本公共服务指数达到 0.1389，该指数最低的县为四川省得荣县，只有 0.0019，约为兴化市的 1.37%，两者差距较大。2001 年和 2002 年，基本公共服务指数最低的县仍为四川省得荣县。得荣县 2001 年基本公共服务指数相比 2000 年略有提升，达到 0.0022；2002 年得荣县基本公共服务指数相较 2000 年大幅提升了 21.05%，达到 0.0023。2003 年，基本公共服务指数最高的县为山东省新泰市，其值为 0.2180，是当年最低水平青海省海晏县的 43.60 倍。2004 年，基本公共服务指数最高的县为浙江省瑞安市。2005—2007 年，江苏省江阴市一直居于年度首位。2006 年，江苏省江阴市的基本公共服务指数为 0.3169，是当年最低水平甘肃省合作市的 26.86 倍。与以往年份相比，2007 年全国范围的基本公共服务指数均大幅提升，最低水平仍为甘肃省合作市，基本公共服务指数只有 0.0109。进一步对比 2000 年和 2007 年的最大值和最小值可以发现，2007 年，最大值仅为最小值的 38.34 倍，比 2000 年最大值和最小值的倍数 73.11 倍已大幅降低，这说明全国县级基本公共服务的差距在缩小。

表 2-2　全国县级基本公共服务水平的最大值和最小值

年份	省份	县（市）名	公共服务水平
2000	江苏省	兴化市	0.1389
	四川省	得荣县	0.0019
2001	江苏省	兴化市	0.1508
	四川省	得荣县	0.0022
2002	浙江省	瑞安市	0.1628
	四川省	得荣县	0.0023
2003	山东省	新泰市	0.2180
	青海省	海晏县	0.0050
2004	浙江省	瑞安市	0.2339
	甘肃省	合作市	0.0066
2005	江苏省	江阴市	0.2570
	青海省	玛沁县	0.0090
2006	江苏省	江阴市	0.3169
	甘肃省	合作市	0.0118
2007	江苏省	江阴市	0.4179
	甘肃省	合作市	0.0109

为了更直观地分析全国县级基本公共服务指数的排名状况，我们对每一年的基本公共服务指数进行由高到低的排名，并将每一年的排名进行加总。从理论上说，某县（市）加总后的值越小，说明该县（市）当年的基本公共服务水平越高；而该值越大，说明该县（市）在当年的基本公共服务水平越低。对加总后的值进行排序后我们发现，浙江省瑞安市加总后的值为 30 且最小。分析该市每一年的排名状况我们发现，除 2002 年和 2007 年外，其余各年份，该市基本公共服务指数排名均十分靠前。加总值排在第二位的为江苏省兴化市，加总值为 59，后面依次为江苏省江阴市、浙江省萧山区和江苏省常熟市。排在最后的五个县依次为甘肃省肃北蒙古族自治县、青海省海晏县、青海省玛沁县、甘肃省肃南裕固族自治县和四川省得荣县。其中，肃北蒙古族自治县绝大多数年份的基本公共服务指数均排在倒数 5 名之内。

为了更加直观地了解全国各县市基本公共服务的分布情况，按照东、中、西部三个地区，我们将基本公共服务指数按照排名顺序分为五个等级，分别为前 20%（好）、20%～40%（较好）、40%～60%（中等）、60%～80%（较差）、80%～100%（差）。2000 年，在前 20%（好）等级中，东部地区的县市有 170 个，中部地区的县市有 151 个，西部地区的县市只有 59 个，而在后 20%（差）等级中，西部地区的县市有 217 个，中部地区的县市有 129 个，而东部地区的县市只有 29 个；2001 年，在前 20%（好）等级中，东部地区县市的数量略有减少，中部地区和西部地区县市的数量略有增加，后 20%（差）等级中，东部地区县市的数量有所增加，中部地区和西部地区县市的数量有所减少；在以后的年份中，前 20%（好）等级中，东部地区县市的数量基本保持稳定，中部地区县市的数量逐年下降，西部地区县市的数量在逐年增加，如图 2-10 和表 2-3所示。

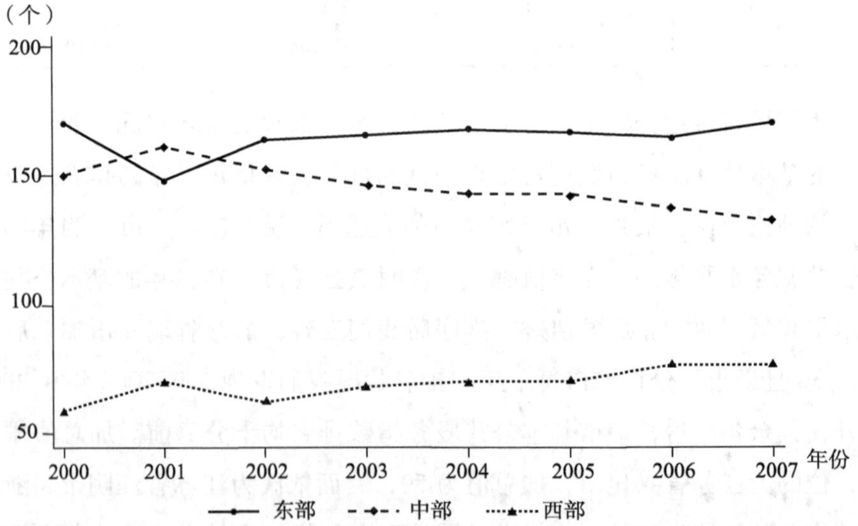

图 2-10　2000—2007 年基本公共服务指数排名前 20%东、中、西部县（市）分布

表 2-3　2000—2007 年东、中、西部地区基本公共服务指数分布

年份	地区	好	较好	中等	较差	差
2000	东部	170	144	114	65	29
	中部	151	131	129	137	129
	西部	59	104	136	177	217
2001	东部	161	143	112	75	31
	中部	153	135	127	134	128
	西部	66	101	140	170	216
2002	东部	163	143	112	77	27
	中部	154	130	133	128	132
	西部	63	106	134	174	216
2003	东部	163	141	106	81	31
	中部	148	131	138	131	129
	西部	69	107	135	167	215
2004	东部	164	137	107	81	33
	中部	146	129	135	139	128
	西部	70	113	137	159	214
2005	东部	165	132	108	82	35
	中部	144	132	141	130	130
	西部	71	115	130	167	210
2006	东部	163	126	110	84	39
	中部	138	133	139	133	134
	西部	79	120	130	162	202
2007	东部	168	121	110	75	48
	中部	135	146	139	141	116
	西部	77	112	130	163	211

2. 3. 2　我国县级基本公共服务均等化的走势

为了更好地测度我国县级政府基本公共服务均等化水平，依据式（2-3），我们以基尼系数作为基本公共服务均等化的衡量指标，该值越大，表明非均等化程度越高，即我国县级基本公共服务均等化水平越低。

我们首先对基本公共服务均等化综合水平进行分析，然后对各分项指标进行分析。2000—2007 年我国县级基本公共服务均等化走势如图 2-11 所示，各分项指标均等化走势如图 2-12 所示。

从图 2-11 中可以看出，2000—2007 年我国县级基本公共服务均等化水平整体偏低，反映均等化程度的基尼系数经历了先下降，后上升，再缓慢下降的过程。县级基本公共服务均等化程度变化可以分为三个阶段：第一个阶段是 2000—2002 年，均等化指数从 0.23 下降至 0.16；第二个阶段是 2002—2004 年，均等化指数从 0.16 上升到 0.28；第三个阶段是 2004—2007 年，均等化指数从 0.28 下降到 0.16。在第三个阶段，反映均等化程度的基尼系数显著下降，即基本公共服务均等化程度显著提高，表明我国综合基本公共服务的县域差距在逐步缩小。

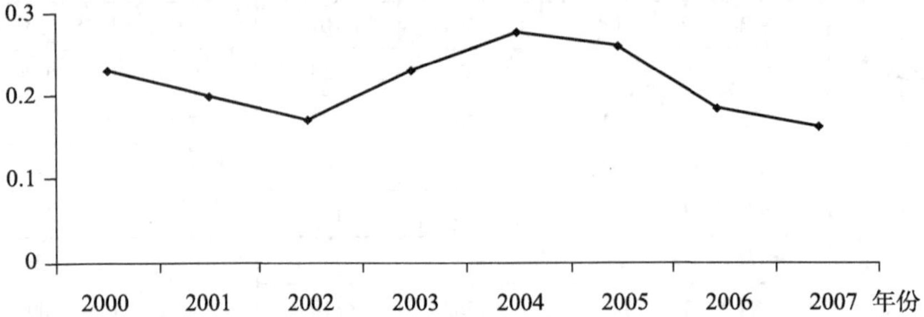

图 2-11　2000—2007 年我国县级基本公共服务均等化走势

接下来考察义务教育、医疗卫生和社会保障三项分项指标基本公共服务供给均等化程度的变化情况。观察图 2-12 可以发现，我国县级义务教育基本公共服务的均等化程度最高，2000—2007 年的基尼系数基本稳定在 0.11~0.17。社会保障基本公共服务的均等化程度次之，但其基尼系数呈现缓慢下降趋势，2000 年社会保障均等化指数的基尼系数是 0.32，2007 年下降到 0.18，这表明均等化程度在上升，即各县社会保障差距总体呈现缩小趋势。医疗卫生基本公共服务的均等化程度最低，长期处于 0.3 左右，在 2005 年甚至接近 0.4。但是，2005 年以后，医疗卫生基本公共服务的差距总体也呈现缩小趋势。由此，我们可以得出以下两个结论：

（1）我国县级各项基本公共服务均等化程度存在一定波动，其中义务教育分项最为稳定，但各分项基本公共服务均等化程度与综合基本公共服务均等化程度走势一致，尤其是2005 年以后，总体呈改善态势。

（2）虽然义务教育基本公共服务均等化程度保持稳定，但其基尼系数在缓慢增长，这表明县级义务教育均等化程度在逐年下降。根据我们的研究，要改善县级综合基本公共服务水平的差距，关键在于降低义务教育均等化在县域间的差距，加大义务教育的投入。

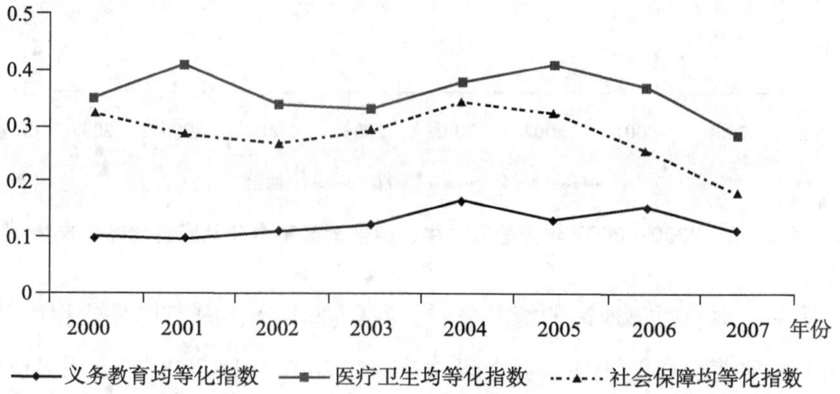

图 2-12　2000—2007 年我国县级义务教育、医疗卫生和社会保障均等化走势

2.3.3　我国县级基本公共服务均等化的地区差异

基本公共服务均等化从提出伊始便与区域因素密不可分，均等化主要是指我国区域间基本公共服务应实现均等化。根据自然资源条件的差异，我国可分为东、中、西部地区，初始条件的差异使得不同地区的经济发展水平和人口聚集程度呈现较大差异，而经济发展水平与人口聚集程度是影响公共服务供给水平的关键因素。我们将各县市划分为三类地区，以观察代表不同经济发展水平和人口聚集程度的县市基本公共服务均等化水平的变化趋势。

这里我们考察基本公共服务均等化在地区间的变化情况。首先，对基本公共服务均等化水平在不同地区的变化情况进行分析，然后对各分项指标进行分析。2000—2007 年我国不同地区基本公共服务均等化走势如图 2-13所示，各分项指标均等化走势如图 2-14 至图 2-16 所示。

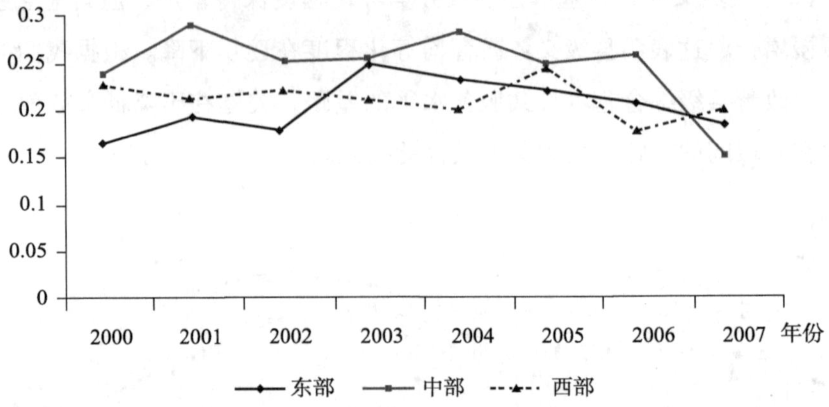

图 2-13　2000—2007 年我国东、中、西部地区基本公共服务均等化走势

从东、中、西部地区的情况来看，我国基本公共服务均等化程度从东部到中西部逐步降低，且三者之间的差距在 2007 年比 2000 年有明显改善。从图 2-13 中可以看出，东、中、西部地区的基尼系数在 2005 年以后均有明显下降趋势，这说明三个地区的均等化程度均有不同程度的提高。东部地区与中、西部地区相比，属于经济发达地区，地区间财力差距导致基本公共服务供给能力存在较大差距。我国应高度重视并采取切实可行的措施改善中、西部地区财政能力不足的问题，解决基本公共服务供给水平较低导致的基本公共服务均等化水平低下问题。为了更直观地分析不同类型基本公共服务均等化的变化趋势，接下来我们考察各分项指标均等化在不同地区间的变化情况。

2.3.3.1　义务教育均等化的地区差异

从图 2-14 中可以看出，义务教育的基尼系数主要在 0.2 以下，说明教育非均等化问题总体上取得了较大的改善。2003 年以前，西部地区的基

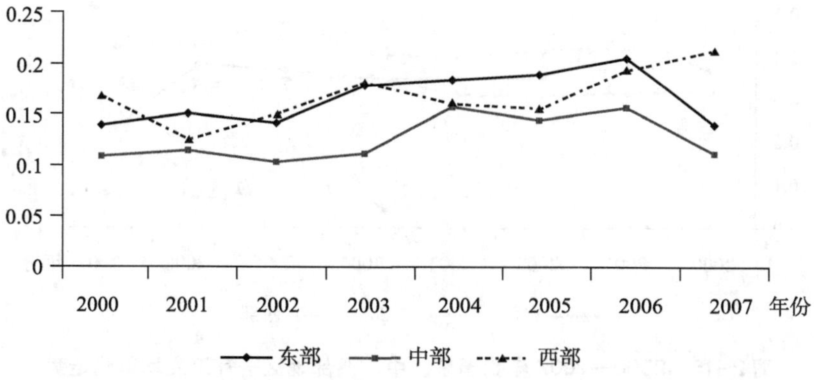

图 2-14　2000—2007 年我国东、中、西部地区义务教育均等化走势

尼系数总体上大于东部地区和中部地区，2003 年以后，西部地区的基尼系数出现大幅度的下降，2005 年以后，西部地区基尼系数显著上升，这说明西部地区义务教育非均等化程度加强。根据上一部分的分析，我国县级各项基本公共服务均等化程度存在一定波动，义务教育基本公共服务均等化程度虽保持稳定，但其基尼系数在缓慢增长，表明县域间义务教育均等化程度在逐年下降。要减少义务教育在县域间的差距，除加大义务教育的投入以提高义务教育公共服务的均等化水平外，还应重点加强西部地区的义务教育。

2.3.3.2　医疗卫生均等化的地区差异

从图 2-15 中可以看出，医疗卫生的基尼系数主要为 0.1～0.5，总体来说，西部地区的该系数最大，东部地区的次之，西部地区的最小，且各地区的变化趋势基本一致。2003 年以后，各地区医疗指数均缓慢下降，其中东部地区与中部地区的该指标在 2005 年以后出现了明显下降，而西部地区的该指标并未出现明显的下降趋势。西部地区 2007 年医疗卫生的基尼系数大于 2000 年的，说明西部地区医疗卫生基本公共服务非均等化程度逐步上升，因此，解决医疗卫生非均等化问题的关键可能在西部地区。

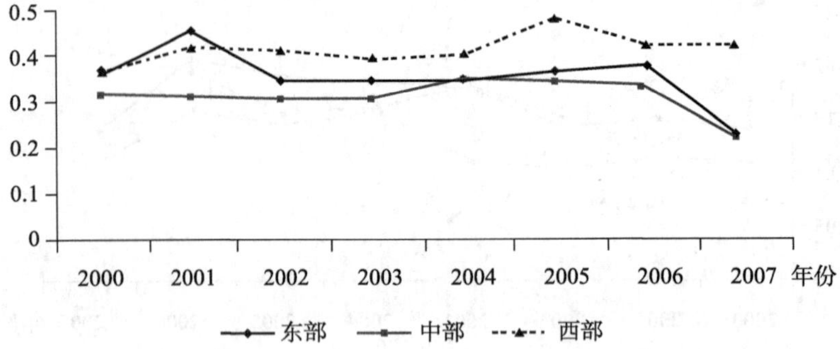

图 2-15　2000—2007 年我国东、中、西部地区医疗卫生均等化走势

2.3.3.3　社会保障均等化的地区差异

从图 2-16 中可以看出，社会保障的基尼系数主要为 0.1～0.4，总体来说，西部地区的该系数最大，东部地区的次之，中部地区的最小，且各地区的变化趋势基本一致。2003 年以后，各地区社会保障的基尼系数均缓慢下降，2005 年以后进一步出现明显下降，说明各地区社会保障均等化程度在逐年上升。值得注意的是，西部地区同东、中部地区在 2007 年的差距比 2000 年大，这说明西部地区虽然均等化程度在提高，但整体供给水平仍然不足。

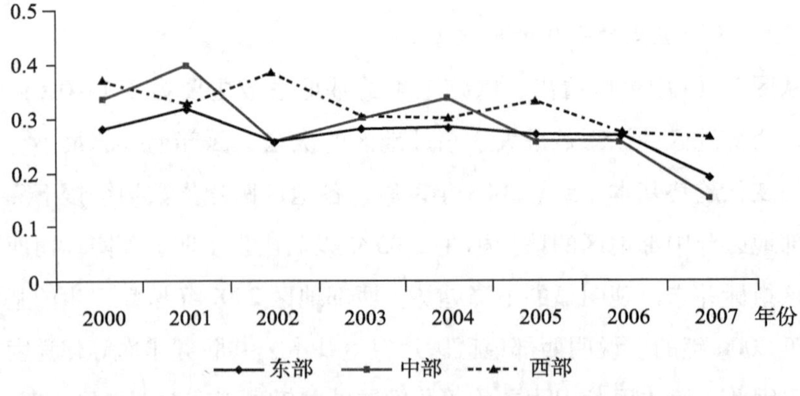

图 2-16　2000—2007 年我国东、中、西部地区社会保障均等化走势

第3章 转移支付影响我国县级基本公共服务均等化的机理分析

Chapter Three

3.1 转移支付的含义及功能

3.1.1 转移支付的含义

庇古（1928）在《财政学研究》中最早提出转移支付的概念，即通过国内购买间接调节国民收入再分配。凯恩斯也主张国家可以通过提高转移支付比重来调节宏观经济。尽管各国均逐步实施了转移支付制度，但转移支付制度在不同国家的具体实践差异很大。由于各国对转移支付的理解不同，国际上对转移支付并没有形成一致的定义。联合国《1990 年国民账户制度修订案》中这样定义转移支付："转移支付是指货币资金、商品、服务或者是金融资产的所有权由一方向另一方的无偿转移，转移的对象可以是金钱、实物资产或者服务等。"国际货币基金组织编写的《政府财政统计手册》（1993）指出，转移支付既包括国际转移支付，也包括一国内部的转移支付。很明显，转移支付涉及的范围较为宽泛，就本书研究而言，转移支付更多的是指在一定财权、事权和支出责任范围内，以实现各地区基本公共服务均等化为目标，中央政府给予地方政府的各项补助。按照是否存在约束条件，可将转移支付分为无条件转移支付和有条件转移支付两种基本类型（马骏，1997）。无条件转移支付又称作一般性转移支付，即不附加任何使用条件，不影响地方政府的自主权，由地方政府自主决定资金的使用方向，这相当于增加了地方自有财力。这种转移支付形式尊重了地方政府的自由选择，得到地方政府的大力支持，但它对地方政府的有效支出无法发挥激励作用；同时，也会造成“养懒汉”行为，即诱导地方政府故意降低税收努力，人为做大收支差额，以获取更多转移支付。有条件转移支付也称为专项转移支付，是指为了实现中央特定的目标，与地方政府共同提供具有外溢性的公共产品和公共服务。专项转移支付大多会限制资金的使用条件和用途，要求专款专用、履行增加公共服务供给的职能。专项转移支付的监督性和约束性更强。依据是否需要地方政府按照比例配套资金，专项转移支付又可以分为配套拨款和非配套拨款。专项转移支付中还有一种特殊的转移支付，称为分类拨款或整额拨款。分类拨款的用途比较宽泛，而且资金分配遵循因素法原则，是实现基本公共服务国家标准最有效的政策手段（贾晓俊 等，2015）。

3. 1. 2　转移支付的功能

在多级财政制度下，中央政府和地方政府之间的纵向财政不均衡、不同地区间的横向财政不平衡和公共品外溢性等问题均需要转移支付来解决。

3. 1. 2. 1　弥补财力的纵向不均衡

纵向财政不均衡是指由于不同层级政府之间自有财力与支出责任不对称而导致的失衡。在财政分权体制下，地方政府与中央政府相比，拥有信息优势，且更了解本地居民对公共服务的需求和偏好，行政成本也比较低，因此可以通过公平竞争更加有效地提供基础教育、医疗卫生等基本公共服务。在财权安排上，集权的税收管理和统一的国家税制系统被证明更有效率①。中央政府集中拥有大量税种的课征权，地方政府只能征收税基比较窄、分布比较零散、增长比较慢的税种，这就形成了税收收入上移、支出责任下放的状况，直接导致纵向财政不平衡的局面。尽管可以通过合理划分中央政府和地方政府的税收课征权、提高中央政府的支出责任等方

① 李万慧．中国财政转移支付制度优化研究［M］．北京：中国社会科学出版社，2011.

式解决上述问题，但完全消除纵向财政不均衡是不现实的。因此，应在合理划分财权和事权的前提下，针对地方财政缺口，由上级政府进行转移支付，平衡纵向财政的不均衡。

3.1.2.2 弥补财力的横向不均衡

横向财政不均衡主要是指在提供公共服务方面，同级政府的财政能力和支出需求不均衡。由于经济发展水平、自然条件、要素禀赋条件、人口条件、支出成本的差异，不同地区的财政能力差别较大。对于有相同需求的公共服务，地区间的公共服务水平和质量存在较大差异。经济发达地区的财政能力强，能够为本地居民提供良好的公共服务；经济落后地区税基薄弱，财政能力较差，无法满足支出的需求，加上地理位置偏僻，提供公共服务的单位成本更高，公共服务水平远低于国家标准。因此，要实现公共服务均等化，需要中央政府通过均等化转移支付在发达地区和落后地区之间进行资金的再分配。

3.1.2.3 缓解公共品的外溢性

外溢性是指私人边际收益与社会边际收益不一致，或私人边际成本与社会边际成本不一致。外溢性分为正外溢性和负外溢性两种情况，外溢性的存在会导致资源配置的市场失灵。外溢性不仅存在于私人产品中，也存在于地方政府提供的公共产品或服务中。地方政府提供公共产品，如果收益和成本不能够局限于本辖区范围内，就可能导致地方政府支出决策发生偏离。比如，当出现正的外溢性时，地方政府提供的公共产品的受益范围超出了本辖区，使得其他辖区的居民可以不用承担任何成本就享受到该项公共品或服务，这就造成了收益和成本的不一致，地方政府就可能降低此类公共品的供给；当存在负的外溢性时，地方政府提供的公共产品成本不仅由本辖区居民承担，其他辖区的居民也要承担，地方政府就可能增加此类公共品的供给。中央政府需要通过专项转移支付对外溢性公共产品进行调节。

3.2 我国转移支付制度变迁与县级转移支付项目构成

本节分析我国转移支付制度变迁和县级转移支付项目安排的激励约束

机制，总结我国转移支付的总量特征和结构特征。

3.2.1 我国转移支付制度变迁

3.2.1.1 传统计划体制下的转移支付制度

随着新中国的成立，集中人力、物力和财力恢复国民经济成为时代要求，这也决定了我国采用高度集权的统收统支财政体制。1950 年 3 月，中央人民政府政务院发布了《关于统一管理 1950 年年度财政收支的决定》《关于统一国家财政经济工作的决定》，以及其他有关决定，使国家财政从分散管理逐渐走向集中管理的轨道。这一财政管理体制表现为，地方财政收入和支出不发生关联，完全由中央统一调配，地方财政支出全部依靠中央的全额财政转移支付。这种统收统支的财政体制，稳定了国民经济，保证了国家财政预算收支平衡和物价稳定，总体上发挥了积极的作用。但是，这种统收统支的财政体制也有缺点，就是在一定程度上抑制了地方政府的积极性。

1951—1957 年，我国实行中央统一领导、逐级管理的办法，又称“以支定收，分级管理”财政体制。伴随我国财政经济状况的逐步好转，原有的统收统支财政体制已不适应新的形势。新的经济形势迫切要求一种既能保证中央政府的绝对领导，又能给予地方政府一定空间以使其更加积极地发展地方经济的财政体制。1951 年 3 月，我国开始实行“划分收支、分级管理”的财政体制。中央政府对于地方收入与支出不平衡的部分，首先通过中央和地方之间的比例分成收入进行补充，如果仍然无法满足支出需求，中央政府会直接对差额部分进行补助。1953 年，在完成国民经济恢复任务后，为了给予地方政府更大的财政收支管理权限，我国开始实施收入分类分成的财政体制，在财政转移支付方面，除了继续采用原有的资金拨付方式，还增加了地方政府用于自然灾害和防洪安排等方面的专项补助。1954 年和 1957 年，依据形势发展，分别做了部分改进。这是统一管理与分级管理两者结合，但总体侧重中央集中的财政管理体制。

从 1958 年起，我国财政管理制度实行“以收定支，三年不变”的体制，即在中央统一领导下，明确划分地方收支范围，分别核定地方预算收入分成项目和比例，由地方根据收入自行安排支出，包干使用，自求平衡，并且在三年或五年内不变。这有别于 1951—1957 年的以支定收、一年一定收支的做法，是我国在财政管理体制上进行的一次重大改革。转移支付体制上规定，中央会根据地方支出需求进行调节，即支出需求过大，中央政府会给予拨款，支出需求过小，则由地方按比例上缴。针对地方政府的重大灾害救济、地方政府基本建设、大规模移民垦荒等需求，中央政府增设专案拨款。

1959—1977 年，我国财政管理体制的连续改变，使财政转移支付类型不断调整，无法形成固定模式。1959—1970 年，我国实行“收支下放，计划包干，地区调剂，总额分成，一年一变”的办法。转移支付体制上规定，各地的财政收支相抵以后，收不抵支的部分由中央财政给予补助。1958 年 9 月，国务院下达了《关于进一步改进财政管理体制和相应改进银行信贷管理体制的几项规定》，自 1959 年开始实行。其特点是，将地方组织的收入按一定比例在中央财政和地方财政之间分成，中央与地方的财政分成收入随着地方财政收入的变化而变化。由于这种形式将中央与地方财政紧密捆绑在一起，使二者对收入完成情况承担共同的风险和责任，有利于调动和发挥地方政府组织财政收入的积极性，因而在 1959 年以后的许多年以不尽相同的形式实施。1971 年 3 月 1 日，财政部发布《关于实行财政收支包干的通知》《关于实行财政收支包干的通知》，决定从 1971 年起实行上述管理办法，简称财政收支“大包干”。1972 年，财政部又发布了《关于改进财政收支包干办法的通知》，对包干进行了部分修改，并采用分成的办法：亿元以下的超收归地方，超过部分则上缴中央一半。在大包干阶段，转移支付体制规定，地方财政出现超收情况，要按照有关比例以包干上缴的形式上划中央，如果地方财政收不抵支，中央按照差额给予包干补助。1973 年发布的《关于改进财政管理体制的意见》，对前面各文件做了修改，实施收入按固定比例留成、超收另定分成比例、支出按指标包干。1976 年 3 月 3 日，我国财政部向全国下发通知，从 1976 年起实行“定收定支，收支挂钩，总额分成，一年一变”的财政体制。转移支付体制规定，地方财政收入大于支出的，按照固定比例上缴中央。

这一时期的财政制度多为中央集权又适度下放财权的统收统支模式，但是财政制度的频繁更替，使得转移支付没有固定模式，仅仅是追求中央与地方政府的收支平衡。在中央财政为主的情况下，中央政府与地方政府的博弈不能完全调动地方政府的积极性，也不能使地方政府全身心地投入经济建设，于是才有了“一放就活、一活就乱、一乱就收、一收就死”的困局。

3.2.1.2 “财政包干体制”下的转移支付制度

1978 年中国共产党十一届三中全会胜利召开，全党的工作重点也逐渐从阶级斗争为纲转向社会主义现代化建设上来。1979 年 4 月，中央又提出“调整、改革、整顿、提高”的八字方针，明确对国民经济进行彻底有效改革。“分灶吃饭”的财政分权改革自此开始筹划启动。这一时期，中央政府的主要目标是提高地方积极性，其次是提高中央政府的控制力。“分灶吃饭”时期的财政分权调整，被称为“财政包干”。“分灶吃饭”的财政分权体制，极大地调动了地方发展经济的积极性，但也导致中央和地方之间的财力不平衡日益加剧。由于各地“财政包干”的具体办法存在差异，转移支付的表现形式也呈现多样化，主要包括体制上解、体制补助、定额上解、定额补助和专项拨款等形式。

高度集中的财政体制抑制了地方发展经济的积极性，并造成了众多弊端，特别是严重的财政压力，使得财政体制改革势在必行。1977—1979 年，江苏省进行了财政体制试点改革。江苏省采用 42%地方留存率四年不变的收入分成制，并且在收支平衡的情况下，可以自由决定支出行为。四川省把收入划分为中央、地方和共享三部分，把支出划分为中央和地方两大类。此外，中央和湖北、湖南、浙江、福建、河北、北京六省市签订收入分成合同。到了 1978 年，已有十省市与中央采取收入分成方式，并按以收定支原则确定支出规模。这些省份获得了三年不变的地方收入分享（留成）率。这些财政体制改革的试点大大激励了地方的积极性，使中央和地方的财政收入均有了显著增长。1980 年，中央给予各省市更大的财政收支自主权，即按照企事业单位的行政隶属关系，明确划分中央和地方的收支范围，根据这一范围确定各地区的包干基数，并根据各省、自治区、直辖市的实际情况，采用了四种模式（见表 3-1）。

表 3-1　1980 年财政包干办法与实行的地区

序号	财政包干办法	实行的地区
1	划分收支，定额上缴或定额补助	广东省，福建省
2	固定比例包干	江苏省
3	划分收支，分级包干	四川省、陕西省、湖南省、安徽省、浙江省、河北省、河南省、湖北省、山东省、黑龙江省、吉林省、辽宁省、山西省、江西省、甘肃省
4	民族自治的地方财政制度	内蒙古自治区、新疆维吾尔自治区、西藏自治区、宁夏回族自治区、广西壮族自治区、云南省、青海省、贵州省

第一种模式：赋予广东和福建最大的财政自主权，即实行“划分收支，定额上缴或定额补助”的特殊政策。

第二种模式：在江苏省实行“固定比例包干”制度。

第三种模式：推行“划分收支，分级包干”的制度，即按照行政隶属关系划分和核定中央与地方的收支范围，以 1979 年的收入预计数字为基数，地方收入大于地方支出的，超额部分按比例上缴，收入不足支出的，不足部分由中央通过工商税调剂解决。如果工商税全部归地方还入不敷出，则由中央给予定额补助。

第四种模式：实行民族自治的地方财政制度。在财政转移支付方面，中央对地方的转移支付以总额收入分成为主，同时设置了专项拨款，用于因特大自然灾害对地方政府的补助。这次财政体制改革具有明显的“分灶吃饭”特征。所谓“分灶”，就是中央与地方的收支范围划分，地方财政采取分级包干，自求平衡。1981年、1982年、1985年，国务院分别发布文件对这种体制进行了不同程度的修改。在转移支付安排方面，总额分成和定额补助成为财政转移支付的主要形式。由于中央财力有限，富裕省份的比例上解和定额上解成为中央财政收入的重要来源。

随着企业“利改税”改革，1985年我国又作了进一步调整：各省（自治区、直辖市）一律实行“划分税种，核定收支，分级包干”的新预算管理体制；明确税种设置，划分了中央与地方的财政收支及隶属关系，并做了细分，打破了“条条”和“块块”的干预。这项改革对调动地方政府的积极性、促进经济增长起到了重要作用，但也强化了地方政府间财政能力的非均衡格局。1988年7月，国务院又发布了《关于地方实行财政包干办法的决定》，全国除广州、西安外，分别实行不同形式的财政包干办法，即收入递增包干、总额分成、总额分成加增长分成、上解额递增包干、定额上解和定额补助（见表3-2）。当时的转移支付制度，主要是以定额补助形式加大了对民族自治地区的财政支持力度。在转移支付资金安排方面，已经呈现“基数法”的特点，具体内容是，中央对地方上解比例、调剂收入分成比例和定额补助核定后，长期内保持不变。

在“分灶吃饭”时期，政府进行了更多的放权分权、承包制及财政包干的探索，但是，企业和政府、地方政府和中央政府利益的不一致，导致在讨价还价的博弈中中央政府由于信息劣势，财政收入大幅减少，最终形成了中央政府的财政困局。此外，承包制下的财政包干导致政府财力分散，最直接的体现就是“两个比重的下降”，即财政收入占GDP（Gross Domestic Product，国内生产总值）比重不断下降和中央政府财政收入占全国财政收入比重下降。财政收入占GDP比重从1978年的31.2%下降到1993年的12.3%，中央财政收入占整个财政收入的比重从1978年的45.8%下降到1993年的22%。这种逐渐形成的“弱政府”与“弱中央”的局面，导致中央政府在许多工作上的被动。随着改革与发展进程的加快，这种窘境下的财政制度改革势在必行。

表 3-2　1988 年财政包干办法与实行的地区

序号	财政包干办法	实行的地区
1	收入递增包干	北京市、河北省、辽宁省（不包括沈阳市和大连市）、沈阳市、哈尔滨市、江苏省、浙江省（不包括宁波市）、宁波市、河南省、重庆市
2	总额分成	天津市、山西省、安徽省
3	总额分成加增长分成	大连市、青岛市和武汉市
4	上解额递增包干	广东省和湖南省
5	定额上解	上海市、山东省、黑龙江省
6	定额补助	吉林省、江西省、甘肃省、陕西省、福建省、内蒙古自治区、新疆维吾尔自治区、西藏自治区、宁夏回族自治区、广西壮族自治区、云南省、青海省、贵州省、海南省、湖北省、四川省

注：辽宁省（不包括沈阳市和大连市）的留成比例为 58.25%，沈阳市的该比例为 30.29%；浙江省（不包括宁波市）的留成比例为 61.47%，宁波市的该比例为 27.93%。沈阳市和宁波市为计划单列市，与所在省份其他地区留存比例不同，在表中予以单列。

3.2.1.3　“分税制”下的转移支付制度

为了扭转财政包干制下中央财政收入占全部财政收入比例持续下降的困局，也为了消除传统税制中的一些弊端，如税制过于繁杂，地方任意使用减免税政策，“藏富于民”，中央决定以税收分享的方式，即“分税制”来重新调整中央和地方的财政收入分成问题。这一阶段的改革主要是改革税制、税基和税源，主要内容包括：①明确了中央财政与地方财政的税收关系，详细划分了中央税、中央与地方共享税和地方税三种税种。②明确划分了中央财政与地方财政的支出范围。确定了中央财政对地方财政的税收返还额度。税收返还的计算公式：该省的基期留成收入-该省基年（1993 年）的地方税收收入-0.25×增值税收入。同时，中央每年从一个省通过分享比例获得的增值税和消费税的增量部分，以 30%的比例返还给这个省①。1994 年分税制改革实施后，财政收入占 GDP 的比重从 1993 年的

① 1994 年以后，中央的转移支付中很大部分是履行基数递增返还的承诺。

12.3%上升到2017年的20.86%，中央财政收入占全国财政收入的比重从1993年的22%上升到2017年的47%。实现了“两个比重”的稳步增长，解决了“弱中央”的财政危机，初步构建起中央与地方政府收入分配关系的基本制度框架。然而中央与地方的事权和支出责任划分几乎没有涉及，支出责任层层下移，与中央政府相比，地方政府承担了过多的事权和支出责任，而拥有较小的财力，在财力与事权（支出责任）不对称的情况下，转移支付制度成为缓解地方政府收支失衡和促进基本公共服务均等化的重要财政工具（王小龙、余龙，2018）。为了保证改革的顺利进行，转移支付体制保留了原有财政包干体制下地方政府向中央政府的上解和中央政府对地方政府的补助事项。税收返还和体制补助沿用“基数法”，原有不合理的分配格局没有得到改善①。

在分税制改革基础上，1995年，中央财政预算编制20亿元对地方转移支付，试行按公式法分配，称为过渡期转移支付②。过渡期转移支付是在不调整地方既得利益的基础上，拿出一部分收入增量资金用于调整地区之间的利益分配格局。过渡期转移支付重点帮助落后地区和民族地区缓解财政收支不平衡，逐步实现各地基本公共服务能力的均等化；过渡期转移支付的编制采用公式法进行，力求公平、公正。转移支付数额的计算以各地标准财政收支差额为依据，根据不同地区的客观因素如经济发展水平、人口等，确定各个地区的标准收入和标准支出，凡是标准收入不能满足标准支出的，中央给予财政补助。新增专项转移支付用于实现中央宏观政策调控目标。大多数专项转移支付资金都采用客观因素分配，有专门的管理办法，不仅增强了资金分配的规范性与合理性，还提高了资金的配置和使用效率。③

自此以后，转移支付规模越来越大，内容也不断丰富。1998—2000

① 陈旭佳．中国均等化财政转移支付制度研究［M］．北京：中国社会科学出版社，2014.

② 过渡期转移支付在2002年被调整为一般性转移支付，在2009年又被调整为均衡性转移支付。

③ 楼继伟．中国政府间财政关系再思考［M］．北京：中国财政经济出版社，2013：99.

年，中央政府相继设立了调整工资转移支付、民族地区转移支付、农村税费改革转移支付。2002 年，《国务院关于印发所得税收入分享改革方案的通知》明确提出，对所得税实行分享体制改革。2003 年出口退税分担机制改革之后，中央政府又增加了县乡奖补转移支付、农村税费改革转移支付、资源枯竭城市转移支付、重点生态功能区转移支付等，使转移支付的规模不断扩大，转移支付的目标也从简单的平衡各地区财力逐步发展为努力实现基本公共服务均等化。2014 年，国务院正式印发《关于改革和完善中央对地方转移支付制度的意见》，提出了改革和完善转移支付制度的总体思路和具体措施，以及转移支付制度未来的顶层设计和改革方向。

3.2.2　我国县级转移支付项目构成及激励约束机制

分税制改革主要是为了调整中央与地方的财政关系，没有明确省以下财政体制，各地基本上比照中央和省之间的财政体制框架，形成省以下财政体制和现行的县级转移支付制度。尽管与中央对各省的转移支付制度不同，各省对省以下的转移支付制度差异也比较大，但从各省（自治区、直辖市）的实际来看，县级转移支付的设计思路秉承了中央对省级转移支付的分配办法，在实施一般性转移支付分配方案的文件中，都对转移支付的内容进行了明确规定。综观各省转移支付分配办法，转移支付的基本目标是扭转地区间财力差距扩大的趋势，逐步实现基本公共服务均等化。转移支付项目主要包括税收返还、原体制补助、一般性转移支付和专项转移支付。税收返还主要包含消费税税收返还、增值税税收返还、所得税基数返还等。一般性转移支付主要包括均衡性转移支付、民族地区转移支付、调整工资转移支付、农村税费改革转移支付和县乡奖补转移支付等。一般性转移支付采用客观因素测算核定县级标准财力、标准支出，采用公式化的分配方法确定转移支付数额，力求客观、公正、公平、公开。专项转移支付包括专项补助收入和增发国债补助收入，采用因素法、项目法和因素法与项目法相结合的方法进行资金分配，主要用于教育、社会保障、卫生、基本建设等领域。为了更好地激励县级政府发挥主动性，各省也积极探索建立激励约束机制、缩小地区间财力差异的方法，以实现基本公共服务均等化。具体来讲，主要体现在以下三个方面①：

（1）“三奖一补”政策。各省参照2005年中央出台的“三奖一补”政策，对财政困难县、产粮大县等在缓解财政困难、精简（减）县乡机构和人员、粮食生产等方面给予奖励和补助。各省也根据本地实际情况，进行了相关奖项和内容的扩充。例如：河北省实施“五奖二补”政策，内蒙古自治区实施“七奖二补”政策，福建省实施“六挂六奖”政策，山东省实施“五奖一补”政策。由于针对性更强、目标更明确，“三奖一补”政策缓解了县乡财政困难，提高了基层政府的执政能力。

（2）实施奖励政策。给予当年一般预算财政收入增幅超过全省平均水平的市县不同比例的奖励。例如：山西省的奖励政策分七档；江苏省对当年税收收入增幅超过全省市县平均增幅和新增上交省收入较多的市县，给予表彰和奖励；甘肃省对于当年地方财政收入增长幅度高于本地GDP增幅的，对高于GDP增长比例部分，按照财政收入数额的5%给予一次性财力补助。

（3）与收入增长挂钩的办法。转移支付与当年财政收入增长相关联，财政收入上缴省级越多，就会得到越多奖励。江西、黑龙江、安徽、吉林、辽宁等省份都设定了不同关联项目和返还系数（王广庆，2010）。还有一些省份将转移支付与财政收支平衡挂钩。例如：浙江省采取鼓励经济欠发达地区增收节支保平衡的激励与约束相结合的财政政策，对本省经济欠发达地区实行省补助和奖励与其地方财政收入增长、增收额挂钩的办法。具体补助办法：地方财政收入增长1%，省补助相应增长，其中，

① 财政部预算司．缓解县乡财政困难促进财政可持续发展［M］．北京：中国财政经济出版社，2005.

2003 年增幅为 0.5%，2004 年增幅为 0.4%，2005 年增幅为 0.3%。对地级市，按全市地方财政收入比上年增收额的 5%给予奖励。广东省以综合增长率为基础，实行激励型一般性转移支付制度。陕西省的“两保两挂”激励补助，也是为了调动县级政府增收节支、收支平衡的积极性而设立的。

3.2.3 转移支付的总量和结构特征

3.2.3.1 转移支付的总量特征

当前，我国的转移支付主要分为一般性转移支付和专项转移支付。其中，一般性转移支付往往是中央政府根据地方标准财政收支差额调整转移支付系数来确定具体数额，可有效缓解地方财力短缺的问题，同时地方政府对其用途具有较大的自由度。专项转移支付往往伴随着特定的项目，要求专款专用，履行增加公共服务供给的职能，资金获得具有很大的不确定性，并且需要地方政府按照比例配套资金。从图 3-1 可以看出，1994—2000 年，转移支付总量较小，增长速度也较为缓慢，之后三年，增长速度有了小幅提升，所得税改革实施后，转移支付的增长速度有了明显提升，规模也在不断扩大。2020 年，中央对地方的转移支付规模已达到 77225.78 亿元。

3.2.3.2 转移支付的结构特征

伴随转移支付规模的不断增加，转移支付在结构上也发生了变化。从图 3-1 可以看出，从实施转移支付制度初期一直到 2005 年，一般性转移支付和专项转移支付两者差距较小，但后者规模略大，2005 年以后，一般性转移支付增长速度加快，规模逐渐反超专项转移支付。这主要是因为专项转移支付存在分配使用不够科学、地方配套压力较大、信息不够公开透明等问题。为了促进基本公共服务均等化，中央政府提出，要逐步提高一般性转移支付的比重，压缩专项转移支付项目的数量。2012—2018 年的政府工作报告均指出，要清理和归并专项转移支付项目，增加一般性转移支付。截至 2020 年，一般性转移支付占比已达到 89.9%。

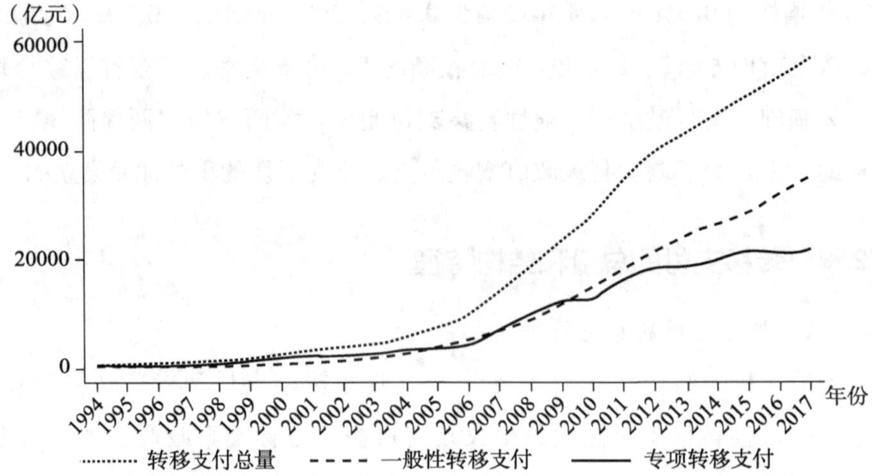

图 3-1 1994—2017 年中央对地方转移支付总量及结构变化

为了反映县级政府转移支付的变化情况，我们参考历年《全国地市县财政统计资料》，分别计算了税收返还、一般性转移支付和专项转移支付在县级总财力中的比重，如图 3-2 所示。为了平衡地区间在财力上的差

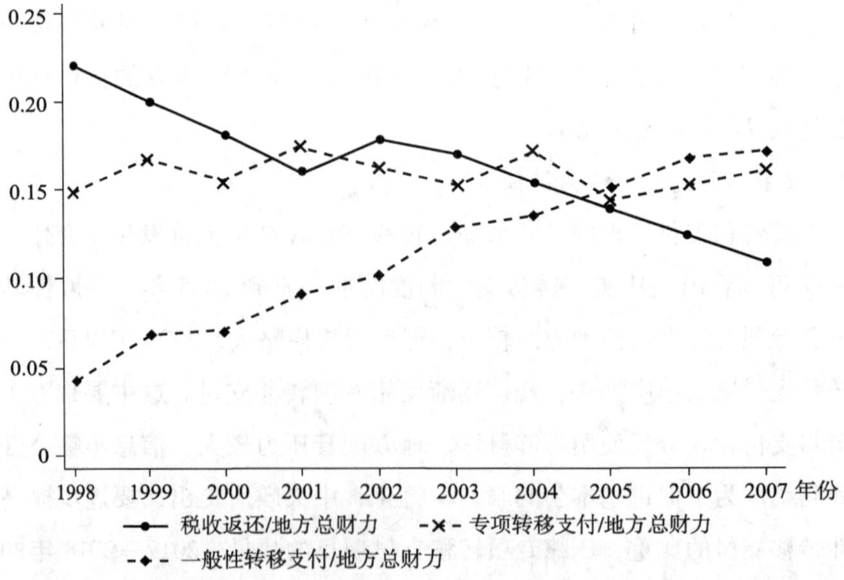

图 3-2 1998—2007 年各类转移支付及税收返还在县级政府财力中的比重

异，中央对地方的一般性转移支付比重逐年攀升，专项转移支付维持在15%左右，变动幅度较小。由于是分税制的遗留产物，税收返还在1998—2007年的比重不断下降。实际上，税收返还反映各省、各县市、各地区的既得利益，虽然在2002年其比重略有上升，但这是由2002年所得税收入分享改革所致，从长期来看，税收返还在地方政府财力构成中的比重将逐步降低。

3.3　中国式分权体制下的地方政府行为异化

长期以来，中国主要是通过政府支出、转移支付等手段增加民生性公共品供给，改善民生外部环境和条件。但研究表明，我国的转移支付在促进地区经济收敛、缩小公共服务差距方面的效果不甚明显（刘明，2016）。为什么转移支付无法有效缩小公共服务差距呢？主流的观点有两种：第一种观点认为，地方政府缺乏有效财力，限制了公共品供给（贾康、白景明，2002）。第二种观点认为，中国式财政分权和晋升竞争扭曲了地方政府的支出偏好。第二种观点看似更符合中国经验，但同样存在不足。李永友（2017）通过和OECD（经济合作与发展组织）国家的财政体制对比发现，中国式财政分权和晋升竞争都不能有效地解释政府支出扭曲，根源还在于转移支付不能产生合适的激励作用。李永友（2017）认为，在中国的纵向转移支付机制下，中央对地方的支出补助将对地方政府支出政策产生怎样的激励，关键要看地方政府通过支出政策希望实现的目标。接下来，我们首先从中国式分权（财政分权和政治晋升）出发，分析地方政府行为异化，然后重点从理论上分析转移支付总量和结构对县级政府财政行为产生的激励不相容问题及其对基本公共服务供给水平的影响。

3.3.1　中国式分权

第一代财政分权理论：Tiebout（1956）认为，财政分权能够促使地方政府更关注本地区居民偏好，有利于改善地方公共产品提供效率。但他并未将具体过程交代清楚，政府在供给公共品时，仅被看作一个“黑箱子”，而没有涉及详细的结构安排。钱颖一（1996）、Weingast（1997）从中国的分权改革实践出发，认为分权为中国创造了一个来自地方的改革支持机制，使得地方政府对中央政府可以形成经济上的制约，形成了可置信的承诺，从而保证有效率的改革能够持续进行，并由此提出“维护市场的经济联邦制”（market-preserving federalism）概念。

Maskin 等（2000）认为，与分权竞争的财政体制相比，中国的政治体制是相当集权的 M 型组织。在集权的政治体制下，中央掌握着地方官员的人事权，地方官员由上级任命，因此如何最大限度地为地方政府提供激励，从而保证地方行为与中央目标一致就成为关键。Easterly（2005）在对发展中国家的经济增长过程进行考察后，认为相对于“把价格搞对”，发展中国家更重要的是“把激励搞对”。Blandchard 和 Shleifer（2001）比较了中国和俄罗斯两国的情况，认为政治集权的差异能够说明两国在转轨过程中财政分权对产出激励的作用完全相反的事实。在中国，职业前景的晋升激励在约束和激励地方官员行为方面发挥着重要作用。中央评估省级领导者的绩效，并基于每个省是否遵从促进增长政策来决定官员的升迁。在俄罗斯，整个 20 世纪 90 年代，中央政府的政治势力都太弱，地方政府并不受中央的约束，它们常常采用设立地区间贸易壁垒、发行替代性货币等方式，对该国其他地区产出产生显著负外部性。Enikolopovk 和 Zhuravskaya（2007）发现，一个强有力的国家政党体制能够使地方官员的政治激励与国家目标保持一致，从而保护他们对地方选民的责任。周黎安（2004，2007）强调，在政治集权的治理结构下，中央政府能够在地方官员之间创造出一种“自上而下”的标尺竞争，通过经济绩效的考核来奖励或者惩罚他们，从而让地方官员为了政治晋升而在经济上互相竞争，形成一种政治锦标赛模式。Li 和 Zhou（2005）考察了中国省级官员的升迁数据，发现内部政治市场可以作为一种约束官员的机制，促进经济增长。这个发现意味着政府治理结构对中国经济增长是十分重要的。傅勇（2007、2008）强调，“中国式分权”在经济分权的同时，保持了政治上的集中，通过政绩考核有力地集中了地方政府的注意力，以免受到地方性利益团体的过多影响。周黎安（2008）认为，地方官员合作困难的根源并不在于地方官员的财税激励及他们所处的经济竞争的性质，而在于嵌入经济竞争中的政治晋升博弈的性质。

3.3.2 地方政府行为异化

在已有的政府偏好文献中，通常假定政府是追求福利最大化的慈善政府，它们基于多数票原则做出决策。在这种情况下，中位投票者实际上成了社会计划者。公共选择学派的经济学家常常把政府看作怪兽政府。Edwards 和 Keen（1996）、Cai 和 Treisman（2005）的模型假定政府偏好介于实现居民福利和自身福利最大化之间。对中国而言，政治集权下的地方政府偏好与以上理论的描述存在差异。在政治集权下，中央对地方政府的垂直控制，特别是以 GDP 作为主要考核指标的绩效考核制度，决定了地方政府必然要对上负责，高度重视 GDP 水平。在这样一种考核制度下，地方政府官员也展开了激烈的晋升竞争，竞争的收益必然是地方官员追求的一个重要方面。尽管垂直管理的治理模式能够保证地方的行为目标与中央一致，但中央与地方之间是一种委托人与代理人的关系，这就决定了地方官员仍会在一定程度上与中央的目标不相一致，进而关注私人消费。中央对地方的这种垂直控制，在一定程度上克制了地方官员的个人消费，而且能够促使地方官员为地区经济增长做出更多努力。但也正是由于过分重视 GDP 这个指标，而相对忽视了民生性公共产品等其他指标，才造成了财政支出结构的扭曲和公共产品供给的不足。文教、科学、卫生事业费等民生性支出能够提高人力资本，进而在长期促进经济增长，对促进社会公平和社会进步也具有积极作用。大力提供民生性公共品服务，是地方政府的责任。但是，地方政府的领导人是由上级政府任命的，考核地方政府政绩的指标就是 GDP 的增长，同时我国目前的行政管理体制也决定了地方政府领导人任职期限较短，提高“资本性财政支出”的比重、建设具有长期标志意义的大型项目和公共工程，能够在较短的时间内实现，而提高民生性财政支出的比重进而获得政绩却需要相对较长的时间。出于上述原因，各级地方政府不断提高资本性支出的比重，相对降低民生财政方面支出的比重，从而形成“重基本建设，轻公共支出”的局面。

3.4 转移支付、地方政府行为与基本公共服务均等化

我们认为，转移支付影响基本公共服务供给的逻辑如下：中央政府试图通过加大转移支付力度，弥补地方财政能力的不足，进而引导和激励地方政府提升对公共服务的投入行为，实现经济发展成果的共享共建。但是，在中国式分权背景下，地方政府不仅希望实现财政收入最大化，也希望通过支出最大化达到官员晋升的目的。在财政能力和官员晋升的双重压力下，地方政府的支出偏向更容易转向生产性领域，这是因为：①生产性领域能够创造更多的税源；②生产性领域更容易创造政绩。中央和地方目标的非一致性，导致了政府层级间的激励不相容。中央通过转移支付实现公共服务均等化的政策初衷，完全可能因为地方政府支出偏好的扭曲而失效，财政压力较大的落后地区尤其容易陷入“破罐子破摔”的困局。从该意义上讲，厘清转移支付对基本公共服务均等化影响的逻辑机制，对不同类型和不同地区转移支付进行对比分析和检验，对完善我国现行转移支付制度和提高我国基本公共服务均等化水平具有十分重要的现实意义。一般性转移支付具有收入效应，不会改变相对价格，产生替代效应。但如果加入了地方政府的支出行为偏好，我们就会发现，在实践中，一般性转移支付主要通过影响政府支出偏好来影响基本公共服务供给水平。专项转移支付虽然能够更有效地保证中央目标的实现，有利于公共服务供给，但主要采用自上而下的项目制申报方式。由于地方政府具有信息优势，这会使其夸大项目信息，加上项目申报事前、事中和事后存在的信息不透明，会造成公共服务供给资金使用的低效率。

3.4.1　一般性转移支付、地方政府行为与基本公共服务供给

一般性转移支付按照因素法进行分配，不指定用途，地方政府具有较大的自由度，主要是为了弥补地方财力不足，缓解纵向财政不平衡，实现地区基本公共服务均等化。我国自 1995 年起采用过渡性财政转移支付形式，2001 年国务院出台《国务院关于印发所得税收入分享改革方案的通知》（国发〔2001〕37 号），将过渡期转移支付改为一般性转移支付，所得税收入分享改革增加的收入全部作为一般性转移支付的资金。2009 年，我国将转移支付划分为一般性转移支付和专项转移支付两类。

一般性转移支付主要通过以下渠道影响基本公共服务均等化：

（1）通过"支出偏好"影响基本公共服务均等化。按照因素法进行分配，不指定用途，地方政府具有较大的自由度，一般性转移支付可以直接增加地方财力。如果地方政府能够与中央政府保持偏好一致，把转移支付资金用于民生性支出，就可以提升地方政府的基本公共服务能力。但是，在中国式分权背景下，中央和地方目标并非一致，中央政府希望地方政府在更大程度上提高公共服务投入，而在财政能力和官员晋升的双重压力下，地方政府财政支出偏向更容易转向生产性领域，这就导致了政府层级间的激励不相容。中央通过转移支付实现公共服务均等化的政策初衷，完全可能因为地方政府支出偏好的扭曲而失效。在这种政府支出偏好下，转移支付无法实现中央政府公共服务均等化的目标也就不足为奇。如果以 GDP 为核心的地方官员评价体系不改变，地方政府就仍然具有强烈的生产性支出动机，这将导致来自中央政府的财政转移支付不能产生合适激励。在地方政府支出偏好发生根本性改变之前，来自中央政府的财政转移支付不过是对由地方生产性支出导致的财政压力的"雪中送炭"，其本质是进一步扭曲了地方政府支出的偏好，从而对基本公共服务均等化造成更大的负面作用。在县级政府层面，一般性转移支付资金的使用缺乏有效的监督和预算约束机制，资金的使用也不够公开和透明，因此，在 GDP 政绩考核

机制下，县级政府为了追求经济的高速增长，不把一般性转移支付资金用于提供公共服务，而可能会挤占和挪用一般性转移支付资金（伏润民 等，2008），如用作建设性支出和政府行政性开支（付文林、沈坤荣，2012）。

（2）一般性转移支付的分配机制设计会通过“经济发展逆向激励”影响基本公共服务均等化。中央政府会根据地方标准财政收支差额，调整转移支付系数来确定一般性转移支付的具体数额，从而有效缓解地方的财力短缺。公式如下：一般性转移支付额=（标准财政支出-标准财政收入）×转移支付系数。转移支付系数参考当年一般性转移支付总额、各地区标准支出大于标准收入的收支差总额和各地区财政困难程度确定。对少数民族地区、革命老区、边境地区，适当提高转移支付系数。[①] 该公式表明：在转移支付系数一定时，标准收支差额越大，获得的一般性转移支付资金越多，反之，则越少；在标准收支差额一定时，转移支付系数越大，获得的一般性转移支付资金越多，反之，则越少。一般性转移支付的分配公式表明，一般性转移支付资金规模往往与经济发展水平成反比，经济发展水平越高的地区，转移支付系数越小，获得的一般性转移支付资金越少，经济发展越落后的地区，获得的一般性转移支付资金越多。这会对地方政府发展经济造成负向激励，在一定程度上削弱一般性转移支付对经济的促进作用，进而降低地方政府的民生性公共服务能力，无法最大限度地实现支出激励向基本公共服务均等化效应的有效转化。马光荣等（2016）研究发现，一般性转移支付会对地方政府发展经济造成负向激励，弱化转移支付效果。因此，要实现地区间基本公共服务均等化，可以增大发达地区的转移支付系数，抑制其发展经济的积极性，造成税收收入减少，进而降低民生性支出；或者降低欠发达地区的转移支付系数，增强欠发达地区发展经济的积极性，增加税收收入，进而提高民生性支出。

① 马海涛，姜爱华，等．政府间财政转移支付制度［M］．北京：经济科学出版社，2010.

3.4.2　专项转移支付、地方政府行为与基本公共服务供给

专项转移支付是上级政府在委托下级政府处理相关事务时给予下级政府的补助资金。相关事务既包括委托事务、共同事务，也包括符合上级政府政策导向的事务。一般来讲，委托事务由上级政府承担补助资金，共同事务由上级政府和下级政府分担资金，符合上级政府政策导向的事务则由上级政府根据绩效给予一定奖励和补助。与一般性转移支付不同，专项转移支付是中央政府为了实现特定的目的，与地方政府共同提供的具有外溢性的公共产品和公共服务。专项转移支付大多会限制资金的使用条件和用途，重点用于贯彻落实党中央、国务院确定需要支持的改革、稳定和可持续发展方面的重大支出①。2017年，我国专项转移支付的构成中，直接用于社会保障、医疗卫生、义务教育等公共服务的支出达到4800多亿元，占整个专项转移支付执行数的22%；2018年，我国上述三项公共服务支出预算数达到5300多亿元，占整个专项转移支付执行数的23%。② 2015年12月30日，财政部印发《中央对地方专项转移支付管理办法》，对我国专项转移支付的资金使用意图、分配和管理机制、资金申请、审批和使用信息的透明度、财政和审计监督等内容进行明确规定。地方政府挪用资金的难度加大，只能将专项转移支付的资金用于上级政府规定的项目支出，对公共服务的作用也更加直接有效。专项补助可以用于实现所有中央政府均等化（最低）服务的提供③。

专项转移支付要求专款专用，履行增加公共服务供给的职能，并且需要地方政府按照比例配套资金，因而可以通过提高民生性资金配套率，直接提高地方政府的民生性支出比例。但这种分配方式可能会有利于发达地区，而给财政压力大的地方政府带来负担。这是因为，欠发达地区本身财

---

① 马海涛，姜爱华，等．政府间财政转移支付制度［M］．北京：经济科学出版社，2010.

② 财政部．2018年中央对地方税收返还和转移支付预算表［EB/OL］．http：//yss.mof.gov.cn/2018zyys/201804/t20180403_ 2859259.html.

③ 李万慧．中国财政转移支付制度优化研究［M］．北京：中国社会科学出版社，2011.

力就有限，更多地表现为“吃饭财政”，完成带有配套要求的专项转移支付项目可能会更加困难，而发达地区则由于财政压力较小，更能够按照比例提供配套资金，从而出现越是发达地区越能够获得更多专项转移支付资金的状况。相对自给自足的县也倾向于吸引更多的转移支付资金，这些资金需要匹配，因此它们可以负担更多的建设项目或公共服务。相比之下，缺乏财政资源的地方往往不能吸引更多的财政转移支付资金，只能保证政府的基本运作，甚至不能支付工作人员的工资。在这种情况下，设计合理的财政转移制度对公平的地方公共支出至关重要，尤其是那些不一定优先于县级政府支出清单的公共服务项目。因此，为了提高地区间公共服务均等化水平，可以通过提高中央对欠发达地区的民生性资金配套率，直接提高欠发达地区的民生性支出规模，或者降低中央对发达地区的民生性资金配套率，直接降低发达地区的民生性支出规模。

专项转移支付虽然有利于减少资源的外部性，满足人民的更多需求，促进公共服务供给，但是在专项转移支付资金的安排上存在以下缺陷：①专项转移支付项目的规模过大、比重过高。中央财政专项转移支付的支出项目涉及的种类很多，几乎在每一个预算支出科目上都有体现。中央对地方的专项拨款有上百种，涉及各行各业。②专项转移支付资金量大，意味着中央干预地方的力度大，容易挤占一般性转移支付，影响地方积极性的发挥；当中央与地方的偏好目标不同时，转移支付资金的挪用不可避免，因为地方政府在得到资金后仍然面临着用于满足自身需要的项目上的压力[①]。专项转移支付信息不透明会造成公共服务供给资金使用的低效率。专项转移支付资金主要通过自上而下的项目申报获得，由于中央政府对地方政府的收支情况不了解，专项转移支付没有统一的计算公式，地方政府凭借信息优势会夸大项目信息，同时专项转移支付资金存在事前申报程序复杂、事中管理混乱和事后监督乏力等问题，这也会造成公共服务供给资金使用的低效率。以 2005 年对 20 个省政府预算的审计为例，在总计 7733

① 李万慧．中国财政转移支付制度优化研究［M］．北京：中国社会科学出版社，2011.

亿元的财政转移资金中，只有 44%被列入地方预算，由地方人大和中央政府监管。1998—2001 年，特殊教育从中央向地方政府转移，在实施过程中出现了漏损。由于专项转移支付存在信息不透明的问题，预算软约束现象更加突出。随意支配的转移支付激励地方政府通过“跑部钱进”的方式获得更多的补助，中央也常会通过不确定的分配方式寻租，如拨“人情款”等。

3.5　激励相容型转移支付制度

在市场经济中，每一个参与人都会按照一定的规则追逐自身的经济利益。在这种情况下，如果存在一种制度安排，既能够实现个体利益最大化，又能够与整体目标相一致，实现整体利益最大化，这种制度就是激励相容的。在转移支付制度安排中引入激励相容机制，涉及中央政府和地方政府之间的财力分配，以及事权和支出责任的优化。我国财政体制改革始终以中央政府和地方政府两者的利益博弈为基石，以解决各自在财政收入上的最直接利益分配为推动，这种中央和地方的分配博弈贯穿改革的整个过程。建立均衡的中央政府与地方政府的财政管理体制是我国财政体制改革的重要内容。中央政府和地方政府作为两大利益主体，其目标效用存在差异性。中央政府的目标效用函数是在全国不同地区提供最低标准的公共服务，因此，中央政府试图通过加大转移支付力度，弥补地方财政能力不足，进而引导和激励地方政府增加对公共服务的投入行为，实现经济发展成果的共享共建。但是，在中国式分权背景下，中央和地方目标并非完全一致，地方政府具有机会主义倾向，上级政府的财政转移支付资金未必都能实现预期的均等化目标。因此，要实现基本公共服务均等化，中央政府仅仅通过加大转移支付力度来平衡地区财力是远远不够的，急需设计一种激励相容的转移支付制度，以有效调动县级政府的积极性，使其最大限度地按照中央政府的意图提供公共服务，否则，中央政府提供的大规模转移支付资金是无法有效转化为均等化的公共服务供给的。接下来，我们建立数理模型，分析如何设计有效的转移支付制度，使县级政府能够最大限度地按照中央政府的意图提供公共服务。

3.5.1 模型的基本假定与设立

我们假定有1个中央政府和 n 个地方政府，中央政府委托地方政府从事两项任务，一项任务是促进地区的经济增长，另一项任务是为辖区居民提供公共服务。地方政府在两项任务上的努力程度不同，其中地方政府在经济增长上的努力水平为 $e_1(e_1>0)$，在公共服务提供上的努力水平为 $e_2(e_2>0)$。两种努力的产出分别为

$$q=e_1+\varepsilon_1;\ p=e_2+\varepsilon_2 \tag{3-1}$$

其中，q 为经济增长，由努力水平 e_1 和随机变量 ε_1 决定，$\varepsilon_1\sim N(0,\sigma_1^2)$；$p$ 为公共服务提供的数量，由努力水平 e_2 和随机变量 ε_2 决定，$\varepsilon_2\sim N(0,\sigma_1^2)$；$\varepsilon_1$ 是影响经济增长的不确定性因素；ε_2 是影响公共服务供给数量的不确定性因素。中央政府只能观测到经济增长产出水平 q 和公共服务供给数量 p，不能观测到县级政府在两项工作任务上的努力水平。这样，地方政府就具有机会主义倾向，可通过隐藏信息来降低努力水平。因此，需要中央政府设计激励合约，使地方政府既能按照自己的利益去运作，也能实现中央政府的政策目标。

假设地方政府是风险规避，其效用函数为 $u=-e^{-\eta w}$。其中，η 为地方政府的绝对风险规避度，$\eta>0$。为了保证地方政府能够完成目标任务，中央政府给予地方政府的激励报酬可以表示为 $w=s\tau q+T+S$。其中，w 为地方政府获得的收益，既可以是经济收益，也可以是政治晋升收益；s 为中央和地方政府间的税收分成比例；τ 为税率；T 为一般性转移支付；S 为专项转移支付。借鉴吕冰洋和张凯强（2018）对转移支付的模型设定，一般性转移支付可以表示为 $T=T^0-\sigma q$。这个模型表示，当税基为0时，地方政府接受的转移支付基准数额为 T^0，上级政府可通过调节反映均等化力度的转移支付系数 σ 来确定地方政府具体的转移支付数额。专项转移支付可以表

示为 $S=np$，n 为中央政府对民生性支出的配套比例。由于专项转移支付具有指定用途、按项目形式分配等特点，通常要求地方政府提供相应的配套资金。中央政府给予地方政府的激励报酬可以表示为 $w=s\tau q+T^0-\sigma q+np$，简化后可得 $w=T^0+(s\tau-\sigma)q+np$。

从 $w=T^0+(s\tau-\sigma)q+np$ 中可以看出，$(s\tau-\sigma)$、n 分别为政绩考核体系中经济增长指标和公共服务指标的权重系数。这是中央政府对地方政府的激励方案，这样，地方政府的确定性等价报酬可表示为

$$\begin{aligned}\mathrm{CE}&=E(w)-C(e_1,e_2)-\frac{1}{2}\eta Var(w)\\&=T^0+(s\tau-\sigma)e_1+ne_2-\frac{1}{2}(c_1e_1^2+c_2e_2^2)-\\&\quad\delta e_1e_2-\frac{\eta}{2}(s\tau-\sigma)^2\delta_1^2-\frac{\eta}{2}n^2\delta_2^2\end{aligned}\tag{3-2}$$

这里，$C(e_1,e_2)$ 为地方政府的努力成本，是严格递增的凸函数。我们将成本函数设为 $C(e_1,e_2)=\frac{1}{2}(c_1e_1^2+c_2e_2^2)+\delta e_1e_2$；成本系数 δ 表示不同任务间的可替代程度；$\frac{1}{2}\eta Var(w)$ 为地方政府的风险成本，具体表示为 $\frac{\eta}{2}(s\tau-\sigma)^2\delta_1^2+\frac{\eta}{2}n^2\delta_2^2$。

假定中央政府的风险偏好为中性，设定 U_c 为中央政府的效用函数；中央政府的收益取决于地方政府的经济增长产出水平 q 和公共服务供给数量 p，以及中央政府对产出的重视度，即 $Y_c=\beta_1q+\beta_2p$。其中，β_1 为中央政府对经济增长的重视度，β_1 越大，表明中央政府越看重经济增长目标任务；β_2 为中央政府对公共服务指标的重视度，β_2 越大，表明中央政府越看重公共服务目标任务（$\beta_1>0$，$\beta_2>0$）。中央政府的风险偏好为中性，其期望效用 U_c 等于期望收益，即

$$E(U_c)=\beta_1e_1+\beta_2e_2-T^0-(s\tau-\sigma)e_1-ne_2\tag{3-3}$$

中央政府在追求期望效用最大化的过程中，会面临的一个约束条件是

个人理性约束（IR），即只有在确定性等价收益大于等于其保留收益水平 w_0 时，地方政府才会签订合约。中央政府还会面临的另一个约束条件是激励相容约束（IC），即通过选择最优努力 e_1^*、e_2^*，地方政府可实现其确定性等价收益最大化。中央政府激励合约的优化设计模型为

$$\max E(U_c)=\beta_1 e_1+\beta_2 e_2-T^0-(s\tau-\sigma)e_1-ne_2$$

$$\text{s.t.}\ (\text{IR})\ T^0+(s\tau-\sigma)e_1+ne_2-\frac{1}{2}(c_1e_1^2+c_2e_2^2)-\delta e_1e_2-\frac{\eta}{2}(s\tau-\sigma)^2\delta_1^2-\frac{\eta}{2}n^2\delta_2^2\geqslant w_0$$

$$(\text{IC})\ (e_1,\ e_2)\in \arg\max T^0+(s\tau-\sigma)e_1+ne_2-\frac{1}{2}(c_1e_1^2+c_2e_2^2)-\delta e_1e_2$$

$$-\frac{\eta}{2}(s\tau-\sigma)^2\delta_1^2-\frac{\eta}{2}n^2\delta_2^2$$

以下为满足激励相容约束一阶条件的表达式：

$$\begin{cases}\dfrac{\partial CE}{\partial e_1}=s\tau-\sigma-c_1e_1-\delta e_2=0\\[2ex]\dfrac{\partial CE}{\partial e_2}=n-c_2e_2-\delta e_1=0\end{cases}\tag{3-4}$$

地方政府在经济增长方面的最优努力水平和在公共服务提供方面的最优努力水平公式如下：

$$\begin{cases}e_1^*=\dfrac{n\delta-(s\tau-\sigma)c_2}{\delta^2-c_1c_2}\\[2ex]e_2^*=\dfrac{\delta(s\tau-\sigma)-nc_1}{\delta^2-c_1c_2}\end{cases}\tag{3-5}$$

转移支付基准数额 T^0 不影响（$s\tau-\sigma$）、n 和（e_1，e_2），给定（$s\tau-\sigma$）、n 和（e_1，e_2），T^0 由地方政府的保留收益水平 w_0 决定。

$$T^0=w_0-(s\tau-\sigma)e_1-ne_2+\frac{1}{2}c_1(e_1^*)^2+\frac{1}{2}c_2(e_2^*)^2+\frac{\eta}{2}(s\tau-\sigma)^2\delta_1^2+\frac{\eta}{2}n^2\delta_2^2\tag{3-6}$$

将式（3-5）和式（3-6）代入式（3-3），可得

$$E(U_c)=\beta_1 e_1^*+\beta_2 e_2^*-w_0-\frac{1}{2}c_1(e_1^*)^2-\frac{1}{2}c_2(e_2^*)^2-\frac{\eta}{2}(s\tau-\sigma)^2\delta_1^2-\frac{\eta}{2}n^2\delta_2^2 \tag{3-7}$$

求解一阶条件式（3-8）：

$$\begin{cases}\dfrac{\partial E(U_c)}{\partial(s\tau-\sigma)}=0\\ \dfrac{\partial E(U_c)}{\partial n}=0\end{cases} \tag{3-8}$$

根据式（3-8），我们通过求解 $s\tau-\sigma$、n，得到激励契约的最优解：

$$\begin{cases}(s\tau-\sigma)^*=\dfrac{(1+\eta\delta_2^2c_2)\beta_1-\eta\delta_2^2\delta\beta_2}{1+\eta\delta_1^2c_1+\eta\delta_2^2c_2-\eta^2\delta_1^2\delta_2^2(\delta^2-c_1c_2)}\\ n^*=\dfrac{(1+\eta\delta_1^2c_1)\beta_2-\eta\delta_1^2\delta\beta_1}{1+\eta\delta_1^2c_1+\eta\delta_2^2c_2-\eta^2\delta_1^2\delta_2^2(\delta^2-c_1c_2)}\end{cases} \tag{3-9}$$

C（e_1，e_2）为地方政府的努力成本，是严格递增的凸函数，满足以下条件：

$$\frac{\partial^2 C(e_1,\ e_2)}{\partial {e_1}^2}\geqslant 0,$$

$$\frac{\partial^2 C(e_1,\ e_2)}{\partial {e_2}^2}\geqslant 0,$$

$$\frac{\partial^2 C(e_1,\ e_2)}{\partial {e_1}^2}\cdot\frac{\partial^2 C(e_1,\ e_2)}{\partial {e_2}^2}-\left[\frac{\partial^2 C(e_1,\ e_2)}{\partial e_1\partial e_2}\right]^2\geqslant 0。$$

其中，$\dfrac{\partial^2 C(e_1,\ e_2)}{\partial {e_1}^2}=c_1$，$\dfrac{\partial^2 C(e_1,\ e_2)}{\partial {e_2}^2}=c_2$，$\dfrac{\partial^2 C(e_1,\ e_2)}{\partial e_1\partial e_2}=\delta$，因此，$\delta^2-c_1c_2\leqslant 0$。由于 $\delta^2-c_1c_2\leqslant 0$，所以，$1+\eta\delta_1^2c_1+\eta\delta_2^2c_2-\eta^2\delta_1^2\delta_2^2(\delta^2-c_1c_2)>0$。由于 $s\tau-\sigma$、n 为正，所以有（$1+\eta\delta_2^2c_2)\beta_1-\eta\delta_2^2\delta\beta_2>0$，$(1+\eta\delta_1^2c_1)\beta_2-\eta\delta_1^2\delta\beta_1>0$。

由式（3-9）可知，激励系数即风险分担系数由中央对经济增长和公共服务的重视程度（β_1、β_2）、地方政府发展经济和提供公共服务的成本

(c_1、c_2、δ)、地方政府风险规避系数（η）、产出方差（δ_1^2、δ_2^2）决定。接下来，我们分析相关因素对转移支付系数 σ 和配套比例 n 的影响。

3.5.2 模型的结果分析

3.5.2.1 β_1、β_2 对 σ 和 n 的影响

我们分别考察中央对经济增长和公共服务的重视程度如何影响最优经济增长指标权重系数和最优公共服务供给指标权重系数，进而影响转移支付系数 σ 和配套比例 n。

（1）β_1、β_2 对 σ 的影响。

我们对（$s\tau-\sigma$）求导，可以得到中央对经济增长和公共服务提供重视程度不同，会影响最优经济增长指标权重系数，进而影响一般性转移支付的转移支付系数。

$$\frac{\partial(s\tau-\sigma)^*}{\partial\beta_1}=\frac{(1+\eta\delta_2^2c_2)}{[1+\eta\delta_1^2c_1+\eta\delta_2^2c_2-\eta^2\delta_1^2\delta_2^2(\delta^2-c_1c_2)]^2}>0 \tag{3-10}$$

$$\frac{\partial(s\tau-\sigma)^*}{\partial\beta_2}=\frac{-\eta\delta_2^2\delta}{[1+\eta\delta_1^2c_1+\eta\delta_2^2c_2-\eta^2\delta_1^2\delta_2^2(\delta^2-c_1c_2)]^2}<0 \tag{3-11}$$

由式（3-10）可以看出，（$s\tau-\sigma$）是 β_1 的递增函数，这意味着中央政府越重视经济增长指标，越会促使地方政府发展经济。（$s\tau-\sigma$）系数增大，可以有两种方法：①增大税收分成比例；②降低一般性转移支付系数。1994 年分税制改革被称为“集权”改革，中央大幅度提升了共享税的分成比例，地方政府的税收分成比重较低，一般性转移支付比重很低。经济越发达的地区，获得转移支付反而越多，从而导致地区间的经济差距进一步拉大，地区间的基本公共服务水平差距逐步拉大。由式(3-11)可以看出，（$s\tau-\sigma$）是 β_2 的递减函数，这意味着中央政府越重视公共服务发展指标，越会促使地方政府降低发展经济的动力，即降低税收分成比例或者加大一般性转移支付系数，特别是加大贫困地区的转移支付力度，将会缩小地区间基本公共服务水平差距，逐步实现基本公共服务均等化。

（2）β_1、β_2 对 n 的影响。

我们对 n 求导，可知中央对经济增长和公共服务提供的重视程度会影响最优公共服务供给指标权重系数，进而影响专项转移支付的资金配套率。

$$\frac{\partial n^*}{\partial \beta_1}=\frac{-\eta\delta_2^2\delta}{1+\eta\delta_1^2c_1+\eta\delta_2^2c_2-\eta^2\delta_1^2\delta_2^2(\delta^2-c_1c_2)}<0 \qquad (3-12)$$

$$\frac{\partial n^*}{\partial \beta_2}=\frac{1+\eta\delta_1^2c_1}{1+\eta\delta_1^2c_1+\eta\delta_2^2c_2-\eta^2\delta_1^2\delta_2^2(\delta^2-c_1c_2)}>0 \qquad (3-13)$$

由式（3-12）可以看出，n 是 β_1 的递减函数，这意味着中央政府越重视经济增长指标，越会促使地方政府发展经济。由式（3-13）可以看出，n 是 β_2 的递增函数，这意味着中央政府越重视公共服务发展指标，越会提高对地方政府的资金配套率，即降低地方政府的资金配套率。

3.5.2.2　c_1、c_2、δ 对 σ 和 n 的影响

（1）c_1、c_2 对 σ 的影响。

我们对（$s\tau-\sigma$）求导，可知经济增长任务和公共服务提供任务的单位激励成本差异会影响最优经济增长指标权重系数，进而影响一般性转移支付的转移支付系数。

$$\frac{\partial(s\tau-\sigma)^*}{\partial c_1}=\frac{-[(1+\eta\delta_2^2c_2)\beta_1-\eta\delta_2^2\delta\beta_2][\eta\delta_1^2+\eta^2\delta_1^2\delta_2^2c_2]}{[1+\eta\delta_1^2c_1+\eta\delta_2^2c_2-\eta^2\delta_1^2\delta_2^2(\delta^2-c_1c_2)]^2}<0 \qquad (3-14)$$

$$\frac{\partial(s\tau-\sigma)^*}{\partial c_2}=\frac{[(1+\eta\delta_1^2c_1)\beta_2-\eta\delta_1^2\delta\beta_1]\eta^2\delta_2^4\delta}{[1+\eta\delta_1^2c_1+\eta\delta_2^2c_2-\eta^2\delta_1^2\delta_2^2(\delta^2-c_1c_2)]^2}>0 \qquad (3-15)$$

由式（3-14）和式（3-15）可以看出，（$s\tau-\sigma$）是 c_1 的递减函数、c_2 的递增函数。这意味着如果经济增长任务的单位激励成本较高，应相应降低对其业绩的激励，相反，则应提高对其业绩的激励；如果公共服务任务的单位激励成本较高，应相应提高对其经济增长业绩的激励，相反，则应降低对其经济增长业绩的激励。

（2）c_1、c_2 对 n 的影响。

我们对 n 求导，可知经济增长任务和公共服务提供任务的单位激励成

本差异会影响最优公共服务供给指标权重系数，进而影响专项转移支付的资金配套率。

$$\frac{\partial n^*}{\partial c_1}=\frac{[(1+\eta\delta_2^2c_2)\beta_2-\eta\delta_2^2\delta\beta_2]\,\eta^2\delta_1^4\delta}{[1+\eta\delta_1^2c_1+\eta\delta_2^2c_2-\eta^2\delta_1^2\delta_2^2(\delta^2-c_1c_2)]^2}>0 \tag{3-16}$$

$$\frac{\partial n^*}{\partial c_2}=\frac{-[(1+\eta\delta_1^2c_1)\beta_2-\eta\delta_1^2\delta\beta_1]\,[\eta\delta_2^2+\eta^2\delta_2^2\delta_1^2c_1]}{[1+\eta\delta_1^2c_1+\eta\delta_2^2c_2-\eta^2\delta_1^2\delta_2^2(\delta^2-c_1c_2)]^2}<0 \tag{3-17}$$

由式（3-16）和式（3-17）可以看出，n 是 c_1 的递增函数、c_2 的递减函数。如果经济增长任务的单位激励成本较高，应相应提高对公共服务提供业绩的激励，即提高中央政府对地方政府的资金配套率，降低地方政府的资金配套率，相反，则应降低对其业绩的激励；如果公共服务任务的单位激励成本高，应相应降低对其公共服务提供业绩的激励，即降低中央政府对地方政府的资金配套率，提高地方政府的资金配套率，相反，则应提高对其公共服务提供业绩的激励。

（3）δ 对 σ 和 n 的影响。

$$\frac{\partial(s\tau-\sigma)^*}{\partial\delta}=\frac{\eta\delta_2^2[2\eta\delta_1^2\delta\ (1+\eta\delta_2^2c_2)\beta_1-(1+\eta\delta_1^2c_1+\eta\delta_2^2c_2+\eta^2\delta_1^2\delta_2^2c_1c_2+\eta^2\delta_1^2\delta_2^2\delta^2)\beta_2]}{[1+\eta\delta_1^2c_1+\eta\delta_2^2c_2-\eta^2\delta_1^2\delta_2^2(\delta^2-c_1c_2)]^2} \tag{3-18}$$

当 $2\eta\delta_1^2\delta(1+\eta\delta_2^2c_2)\beta_1-(1+\eta\delta_1^2c_1+\eta\delta_2^2c_2+\eta^2\delta_1^2\delta_2^2c_1c_2+\eta^2\delta_1^2\delta_2^2\delta^2)\beta_2>0$，$\frac{\beta_1}{\beta_2}>\frac{(1+\eta\delta_1^2c_1+\eta\delta_2^2c_2+\eta^2\delta_1^2\delta_2^2c_1c_2+\eta^2\delta_1^2\delta_2^2\delta^2)}{2\eta\delta_1^2\delta(1+\eta\delta_2^2c_2)}$，则 $\frac{\partial(s\tau-\sigma)^*}{\partial\delta}>0$；反之，$\frac{\partial(s\tau-\sigma)^*}{\partial\delta}<0$。

$$\frac{\partial n^*}{\partial\delta}=\frac{\eta\delta_1^2[2\eta\delta_2^2\delta(1+\eta\delta_1^2c_1)\beta_2-(1+\eta\delta_1^2c_1+\eta\delta_2^2c_2+\eta^2\delta_1^2\delta_2^2c_1c_2+\eta^2\delta_1^2\delta_2^2\delta^2)\beta_1]}{[1+\eta\delta_1^2c_1+\eta\delta_2^2c_2-\eta^2\delta_1^2\delta_2^2(\delta^2-c_1c_2)]^2} \tag{3-19}$$

当 $2\eta\delta_2^2\delta(1+\eta\delta_1^2c_1)\beta_2-(1+\eta\delta_1^2c_1+\eta\delta_2^2c_2+\eta^2\delta_1^2\delta_2^2c_1c_2+\eta^2\delta_1^2\delta_2^2\delta^2)\beta_1>0$，$\frac{\beta_1}{\beta_2}>\frac{(1+\eta\delta_1^2c_1+\eta\delta_2^2c_2+\eta^2\delta_1^2\delta_2^2c_1c_2+\eta^2\delta_1^2\delta_2^2\delta^2)}{2\eta\delta_2^2\delta(1+\eta\delta_1^2c_1)}$，则 $\frac{\partial n^*}{\partial\delta}>0$；反之，$\frac{\partial n^*}{\partial\delta}<0$。

由式（3-18）和式（3-19）可以看出，当不同任务的激励成本系数 δ 相互可替代时，在激励相容条件下，公共服务的最优激励合同为“门槛型激励合同”，即只有当地方经济增长超过一定的“门槛值”时，激励效应才是正向的，否则，将是负向激励，地方政府只会“破罐子破摔”。

3.5.2.3　δ_1^2、δ_2^2 对 σ 和 n 的影响

（1）δ_1^2、δ_2^2 对 σ 的影响。

我们对（$s\tau-\sigma$）求导，可知经济增长方差和公共服务提供方差的变化会影响最优经济增长指标权重系数，进而影响一般性转移支付的转移支付系数。

$$\frac{\partial(s\tau-\sigma)^*}{\partial\delta_1^2}=\frac{-[(1+\eta\delta_2^2c_2)\beta_1-\eta\delta_2^2\delta\beta_2][\eta c_1-\eta^2\delta_2^2(\delta^2-c_1c_2)]}{[1+\eta\delta_1^2c_1+\eta\delta_2^2c_2-\eta^2\delta_1^2\delta_2^2(\delta^2-c_1c_2)]^2}<0 \tag{3-20}$$

$$\frac{\partial(s\tau-\sigma)^*}{\partial\delta_2^2}=\frac{-[(1+\eta\delta_1^2c_1)\beta_2-\eta\delta_1^2\delta\beta_1]\eta\delta}{[1+\eta\delta_1^2c_1+\eta\delta_2^2c_2-\eta^2\delta_1^2\delta_2^2(\delta^2-c_1c_2)]^2}<0 \tag{3-21}$$

由式（3-20）和式（3-21）可以看出，（$s\tau-\sigma$）是 δ_1^2、δ_2^2 的递减函数。这意味着，随着经济增长方差和公共服务提供方差的增大，最优增长指标权重系数会逐渐减小。经济增长方差大，意味着地方政府在这项任务上的努力与其在该方面创造的业绩大小相关度较低，经济增长更多地受到其他方面因素的影响，并不能很好地反映地方政府投入的努力程度。强化对公共服务任务的激励，会由于经济增长的机会成本增加而进一步降低地方政府在发展经济上的努力水平。经济增长方差较小的地方政府，其努力程度与经济增长的相关程度较高。经济增长的可观测性较强，则可以加强对经济发展任务或公共服务提供任务的激励。欠发达地区的努力程度与经济增长的相关程度较低，更多依赖转移支付保证地方政府的有效运转。

（2）δ_1^2、δ_2^2 对 n 的影响。

我们对 n 求导，可知经济增长方差和公共服务提供方差的变化会影响最优公共服务供给指标权重系数，进而影响专项转移支付的资金配套率。

$$\frac{\partial n^*}{\partial\delta_1^2}=\frac{-[(1+\eta\delta_2^2c_2)\beta_1-\eta\delta_2^2\delta\beta_2]\eta\delta}{[1+\eta\delta_1^2c_1+\eta\delta_2^2c_2-\eta^2\delta_1^2\delta_2^2(\delta^2-c_1c_2)]^2}<0 \tag{3-22}$$

$$\frac{\partial n^*}{\partial \delta_2^2}=\frac{-[(1+\eta\delta_1^2c_1)\beta_1-\eta\delta_1^2\delta\beta_1][\eta c_2-\eta^2\delta_1^2(\delta^2-c_1c_2)]}{[1+\eta\delta_1^2c_1+\eta\delta_2^2c_2-\eta^2\delta_1^2\delta_2^2(\delta^2-c_1c_2)]^2}<0 \quad (3-23)$$

由式（3-22）和式（3-23）可以看出，n 是 δ_1^2、δ_2^2 的递减函数，这意味着，随着经济增长方差和公共服务提供方差的增大，最优公共服务指标权重系数会逐渐降低。与上述分析相同，这也说明转移支付资金如果不能和地方经济发展后劲之间形成有效循环，单纯依靠规模增长无论对私人部门还是对公共部门，都可能造成效率损失。

3.5.2.4　η 对 σ 和 n 的影响

我们对（$s\tau-\sigma$）、n 求导，可知地方政府风险偏好的变化会影响最优经济增长指标权重系数和公共服务提供系数，进而影响一般性转移支付的转移支付系数和专项转移支付的资金配套率。

$$\frac{\partial(s\tau-\sigma)^*}{\partial\eta}=\frac{\delta_1^2[\eta^2\delta_2^4c_2(\delta^2-c_1c_2)+2\eta^2\delta_2^2(\delta^2-c_1c_2)-c_2]\beta_1-\delta_2^2\delta[1+\eta^2\delta_1^2\delta_2^2\delta(\delta^2-c_1c_2)]\beta_2}{[1+\eta\delta_1^2c_1+\eta\delta_2^2c_2-\eta^2\delta_1^2\delta_2^2(\delta^2-c_1c_2)]^2}$$

（3-24）

当 $\delta_1^2[\eta^2\delta_2^4c_2(\delta^2-c_1c_2)+2\eta^2\delta_2^2(\delta^2-c_1c_2)-c_2]\beta_1-\delta_2^2\delta[1+\eta^2\delta_1^2\delta_2^2\delta(\delta^2-c_1c_2)]\beta_2>0$，即 $\frac{\beta_1}{\beta_2}>\frac{\delta_2^2\delta[1+\eta^2\delta_1^2\delta_2^2\delta(\delta^2-c_1c_2)]}{\delta_1^2[\eta^2\delta_2^4c_2(\delta^2-c_1c_2)+2\eta^2\delta_2^2(\delta^2-c_1c_2)-c_2]}$ 时，$\frac{\partial(s\tau-\sigma)}{\partial\eta}>0$；反之，则 $\frac{\partial(s\tau-\sigma)}{\partial\eta}<0$。

$$\frac{\partial n^*}{\partial\eta}=\frac{\delta_2^2[\eta^2\delta_1^4c_1(\delta^2-c_1c_2)+2\eta^2\delta_1^2(\delta^2-c_1c_2)-c_1]\beta_1-\delta_1^2\delta[1+\eta^2\delta_1^2\delta_2^2\delta(\delta^2-c_1c_2)]\beta_2}{[1+\eta\delta_1^2c_1+\eta\delta_2^2c_2-\eta^2\delta_1^2\delta_2^2(\delta^2-c_1c_2)]^2}$$

（3-25）

当 $\delta_2^2[\eta^2\delta_1^4c_1(\delta^2-c_1c_2)+2\eta^2\delta_1^2(\delta^2-c_1c_2)-c_1]\beta_1-\delta_1^2\delta[1+\eta^2\delta_1^2\delta_2^2\delta(\delta^2-c_1c_2)]\beta_2>0$，即 $\frac{\beta_1}{\beta_2}>\frac{\delta_1^2\delta[1+\eta^2\delta_1^2\delta_2^2\delta(\delta^2-c_1c_2)]}{\delta_2^2[\eta^2\delta_1^4c_1(\delta^2-c_1c_2)+2\eta^2\delta_1^2(\delta^2-c_1c_2)-c_1]}$ 时，$\frac{\partial n}{\partial\eta}>0$；反之，则 $\frac{\partial n}{\partial\eta}<0$。

由式（3-24）和式（3-25）可以看出，地方政府风险偏好的变化会影响最优经济增长指标权重系数和公共服务提供系数，进而影响一般性转移支付的转移支付系数和专项转移支付的资金配套率，且存在门槛值。

以上模型结果分析表明，转移支付系数 σ 和配套比例 n 会受到中央对经济增长和公共服务的重视程度（β_1、β_2）、地方政府发展经济和提供公共服务成本（c_1、c_2、δ）、地方政府风险规避系数（η）、产出方差（δ_1^2、δ_2^2）等因素的影响。经济增长任务的高强度激励会使地方政府的努力从公共服务目标任务中转移过来，导致公共服务任务不能被准确度量，从而使整体激励的效果降低。因此，当不考虑其他客观因素时，要实现基本公共服务均等化的目标，需从以下两方面着手：①对以 GDP 作为考核指标的绩效考核制度进行改革，建立合理而有效的评价体制。中央政府可以把社会、文化、教育、卫生、环境等有利于民生和可持续发展的目标引入地方官员的政绩考核体系，加大对落后地区的转移支付力度，在激励县级政府增加财政收入的基础上通过转移支付实现财力均等化。这既可以实现中央政府对文化、教育、卫生、环境等具体公共服务目标和均等化目标的政策意图，又可以发挥地方政府的信息优势，使其根据区域特点自行配置财政资源。②由于地方政府发展经济和提供公共服务的成本（c_1、c_2、δ）、地方政府的风险规避系数（η）、产出方差（δ_1^2、δ_2^2）都会影响转移支付的激励效应向基本公共服务均等化水平提高的有效转化，因此如何有效地激励县级政府把获得的转移支付资金更多地用于基本公共服务领域就成为转移支付契约设计的另一关键内容。中央政府应结合地方政府的偏好对转移支付契约进行调整，把中央政府对基本公共服务均等化的重视度和这些客观因素相结合，有效引导地方政府将努力更多地投入到公共服务提供上，从而实现激励相容目标。

第4章 我国县级转移支付财力均等化效应的实证分析

Chapter Four

正如第3章中所讲到的，要实现基本公共服务均等化，首先需要在制度设计上解决如何在激励县级政府增加财政收入的基础上，通过转移支付实现财力均等化的问题。

传统的财政分权理论认为：财政分权能够促使地方政府更关注本地区居民偏好，有利于改善地方公共产品提供效率。但是，由于外部性和地区财力差距，财政分权并未有效提高公共产品效率，反而加重了地区间公共服务的失衡。转移支付会在一定程度上缓解地区间的财力失衡。分税制改革以来，转移支付制度已成为缩小地区间财力差距、促进基本公共服务均等化的重要内容。然而，对于转移支付的财力均等化效应，现有研究并未达成一致意见。已有文献较多基于省级面板数据，运用基尼系数、收入来源分解法、变异系数、标准差系数、广义熵值法等非均等测量方法，研究转移支付的财力均等化效应。一部分学者认为，转移支付并未很好地平衡地区间的财力差距。例如，Huang和Chen（2012）采用广义熵指数法、官永彬（2013）采用基尼系数法和熵值法测度了转移支付对地区财力间差距的影响，发现转移支付并未很好地平衡地区间的财力差距。李祥云和徐淑丽（2012）基于2000—2010年的省级面板数据进行分析后发现，中央转移支付的横向财力平衡作用有限。刘溶沧和焦国华（2002）、董艳梅（2013）采用变异系数进行分析后发现，中央转移支付加大了西部地区的财力失衡。也有学者认为，转移支付缩小了地区间的财力差距。例如，李萍（2006）、涂立桥（2013）、戴平生和陈壮（2015）运用基尼系数法、泰尔指数法、基尼系数分解法等进行分析后发现，中央转移支付在一定程度上缩小了地区间的财力差距，但对区域内财力差距的改善作用有限。曹俊文和罗良清（2006）采用标准差系数对 1996—2003 年我国地区间的财政数据进行分析后发现，转移支付均等化效应较为明显。

也有少量文献基于县级数据研究转移支付在实现财力均等化方面的作用。Tsui（2005）基于 1994—2000 年我国县级数据进行分析后发现，转移支付拉大了地区间的财力差距。尹恒等（2007）运用收入来源不平等分解法，对 1993—2003 年我国县级财政数据进行分析后发现，转移支付并没有缩小地区间的财力差距。周美多和颜学勇（2010）对 1999—2004 年省内县域间财政数据进行分析后发现，税收返还拉大了地区间的财力不均等，专项上解和净体制补助具有一定的均等化效应。鲍曙光（2016）对 1993—2011 年我国县级财政数据进行分析后发现，转移支付较好地起到了财力均等化的作用。李志慧和江杰（2006）对 1999—2004 年湖南省财政数据进行分析后发现，转移支付起到了财力均等化的作用，但波动幅度较大。肖育才和谢芬（2015）对 2003—2009 年四川省县级财政数据进行分析后发现，转移支付缩小了省内县级政府间的财力差距。江庆和李光龙（2010）对 1998—2007 年安徽省县级财政数据进行分析后发现，转移支付并未有效缓解地区间的财力差距。李晖（2014）对 2001—2011 年某省数据进行分析后发现，总量转移支付拉大了县级财力差距。

以上文献较好地阐述了我国转移支付的财力均等化效应，但现有研究更多以省级样本为研究对象，对县级样本的分析较少，实际上县级政府才是公共服务提供的主体。再加上样本时间段选择不同、采用的研究方法有差异，研究的结论并不一致，特别是对各分项转移支付均等化效应的研究，还不够深入、细致。转移支付包括税收返还、一般性转移支付和专项转移支付三部分内容，它们的分配原则、作用机理存在差别，各自的财力均等化效应也存在较大差距。我们需要进一步考察税收返还、一般性转移支付和专项转移支付的财力均等化效应。

4.1 研究方法和数据来源

4.1.1 基尼系数

基尼系数是测度收入不平等常用的一种指标，可以用洛伦兹曲线进行衡量。在图 4-1 中，基尼系数就等于洛伦兹曲线和收入分配绝对平均线围成的面积（A）与收入分配绝对平均线以下图形面积（$A+B$）之比。用公式表示为

$$G=\frac{A}{A+B}=1-2B \tag{4-1}$$

由式（4-1）可知，基尼系数的取值范围一般在（0，1）区间：B 越小，基尼系数越大，收入不平等程度越高，当 $B=0$ 时，基尼系数为 1，收入不平等程度最高；B 越大，基尼系数越小，收入平等程度越高，当 $B=1/2$ 时，基尼系数为 0，收入平等程度最高。

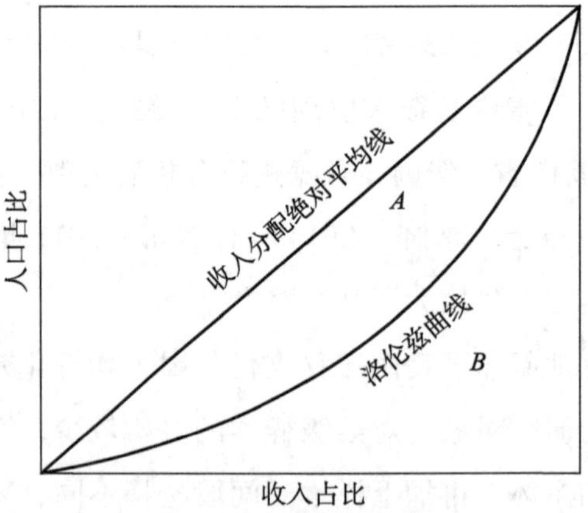

图 4-1 洛伦兹曲线

目前，计算基尼系数有许多种方法。我们采用以下方法计算基尼

系数：

$$\mathrm{GINI} = 1 - \sum_{i=1}^{n} p_i (2Q_i - \mu_i) \qquad (4-2)$$

其中，μ_i 表示分项收入在该分项收入总财力中的比重；$Q_i = \sum_{f=1}^{i} \mu_f$ 表示累计收入比重；P_i 表示第 i 组人口在总人口中的比重。

4.1.2　基尼系数分解法

尽管基尼系数反映了收入不平等的程度，但它并没有体现各个分项收入对总收入不平等的贡献程度，我们进一步采用基尼系数分解方法，更加细致地分析各个分项收入的不平等贡献。具体表达式为

$$G(Y) = \sum_{k=1}^{K} S_k C(Y_k) \qquad (4-3)$$

其中，Y 为总的收入水平，Y_k 为构成 Y 的各个单项收入，$Y=Y_1+Y_2+Y_3+Y_4+\cdots+Y_k$；$C(Y_k)$ 为第 k 项收入的集中系数，取值范围在−1 和 1 之间；S_k 为人均分项收入与人均总财力之比；$G(Y)$ 为人均总收入不平等的基尼系数。我们用 μ_k、μ 分别表示人均分项收入和人均总收入，将其代入式（4−3），可得

$$G(Y) = \sum_{k=1}^{k} \frac{\mu_k}{\mu} C(Y_k) \qquad (4-4)$$

由式（4−4）可知，基尼系数 $G(Y)$ 取决于加权平均的集中系数，它的权数是各分项收入在总收入中的比重。进一步地，我们可以求出分项收入对总收入不平等的贡献率，公式如下：

$$\mathrm{GXL} = \frac{S_k C(Y_k)}{G(Y)} \times 100\% \qquad (4-5)$$

其中，GXL 表示总收入不平等时分项收入的贡献率。如果 GXL>0，则该分项收入是拉大收入差距的因素；反之，GXL<0，则该分项收入是促进收入均等化的因素。$\frac{C(Y_k)}{G(Y)}$为相对集中系数，即分项收入对总收入的不均

等程度在总收入中的比重。如果$\frac{C(Y_k)}{G(Y)}$<0，则该分项收入会促进收入均等化，如果$\frac{C(Y_k)}{G(Y)}$<1，则该分项收入会降低收入不均等化程度；如果$\frac{C(Y_k)}{G(Y)}$>1，则会提高收入不均等化程度。S_k 代表分项收入 k 在总收入中的比重。$S_kC(Y_k)$为分项收入对总收入的基尼贡献值。如果 $S_kC(Y_k)$ >0，则该分项收入会提高收入不均等化程度；如果 $S_kC(Y_k)$ <0，则该分项收入会降低收入不均等化程度。

Fei 等（1978）采用收入来源不平等分解法，把基尼系数分解为两部分：

$$G = \sum_{k=1}^{k} S_k \overline{G_k} \tag{4-6}$$

其中，S_k 代表分项收入 k 与总收入之比，$\overline{G_k}$为拟基尼系数。

式（4-6）可以进一步分解为

$$G = \sum_{k=1}^{k} S_k G_k R_k \tag{4-7}$$

其中，S_k 表示分项收入；G_k 表示自身的基尼系数；R_k 表示分项收入与总财力的相对相关系数。R_k 的取值范围在-1 和 1 之间：R_k>0，表示分项收入是提高收入差距的因素，R_k 越大，收入越不均等；R_k<0，表示此分项收入是促进收入均等化的因素，R_k 越小，收入越均等。

4.1.3 数据来源

本章基于 2000—2007 年我国县级面板数据来考察转移支付的财力均等化效应。其中，县级财政数据来源于 2000—2007 年《全国地市县财政统计资料》，县级人口数据来源于《中华人民共和国全国分县市人口统计资料》。使用 2000—2007 年的数据，原因在于在此之前，转移支付规模小且不规范，而之后，《全国县市财政统计资料》的统计口径进行了较大调整。为了数据的可比性，我们将样本起止点定为 2000 年和 2007 年。为消除价格因素影响，我们以 2000 年为基期，根据《中国统计年鉴》公布的各省的 GDP 指数计算省份 GDP 平减指数，对涉及的经济指标进行平减。为剔除极端值的影响，本章对主要变量的最大和最小的 1%样本进行缩尾处理。

我们对样本进行以下筛选：剔除四个直辖市及省直辖体制的副地级县市；剔除数据缺失严重的西藏自治区；市辖区与县和县级市在财政自主权、社会经济管理权限等方面存在较大差异，我们将市辖区全部剔除，并以 2007 年为基准，将在样本区间发生行政区划变更的县和县级市剔除。最终使用的样本包括 26 个省 1892 个县（市），共 15136 个观察值。这里主要考察税收返还、一般性转移支付和专项转移支付。其中，税收返还由消费税和增值税税收返还、所得税基数返还等构成；专项转移支付主要由专项补助收入和增发国债补助收入等构成；我们把税收返还和专项转移支付之外的其他转移支付定义为一般性转移支付。

4.1.4　描述性统计

基于全国县级财政数据，我们得到了转移支付前后全国县级人均财力的描述性统计。其中，表 4-1 为县级政府接受转移支付前人均本级财政收入的描述性统计，从中可以看出：县级人均本级财政收入的均值从 2000 年的 201.56 元逐渐增加到 2007 年的 816.22 元；人均总财力偏离均值的程度逐年扩大，标准差从 2000 年的 171.53 元逐渐增加到 2007 年的 1331.03 元。在转移支付之前，县级政府之间的人均本级财政收入差距较大，且随着时间推移，呈现不断扩大的趋势。2000 年人均财政收入的最大值是最小值的 133.66 倍，但到了 2006 年，人均财政收入的最大值是最小值的 666.96 倍。

表 4-2 为县级政府接受转移支付后人均可支配财力情况，从中我们可以看出县级政府在获得转移支付后，人均可支配财力的均值在逐年增加，2000 年人均可支配财力只有 439.63 元，到了 2007 年，则达到 2463.06 元；人均总财力偏离均值的程度逐年加深，标准差从 2000 年的 319.07 元逐渐

增加到2007年的2272.18元；2000年人均可支配财力的最大值是最小值的35.36倍，但到了2007年，人均可支配财力的最大值是最小值的221.34倍。尽管县级政府间人均可支配财力差距仍然很大，但相对于转移支付前的数据，差距在不断缩小。这说明财政转移支付还是缩小了县级政府间的人均财力差距。

表4-1　2000—2007年转移支付前全国县级人均财力的描述性统计

年份	均值（元）	标准差	最小值（元）	最大值（元）	最大值/最小值
2000	201.56	171.53	17.69	2364.50	133.66
2001	228.43	225.34	17.63	3643.81	206.68
2002	230.10	237.80	19.60	4050.26	206.65
2003	276.45	308.14	22.55	4168.60	184.86
2004	342.14	413.74	18.78	5370.11	285.95
2005	460.54	688.68	22.85	9081.91	397.46
2006	602.83	963.32	20.55	13706.00	666.96
2007	816.22	1331.03	41.55	19138.50	460.61

表4-2　2000—2007年转移支付后全国县级人均可支配财力的描述性统计

年份	均值（元）	标准差	最小值（元）	最大值（元）	最大值/最小值
2000	439.63	319.07	115.47	4506.00	35.36
2001	589.17	471.24	132.91	6234.13	44.75
2002	688.12	531.94	59.88	8006.32	134.71
2003	818.72	659.86	203.89	9163.07	45.37
2004	1075.73	863.12	315.33	10616.07	34.63
2005	1388.30	1239.76	247.95	16586.11	68.94
2006	1814.08	1589.66	439.53	20497.64	44.51
2007	2463.06	2272.18	206.48	46257.97	221.34

4.2　转移支付的财力均等化效应分析

接下来，我们采用基尼系数的计算方法，分别计算总量转移支付前后人均财力的基尼系数，用于衡量转移支付前后人均财力分布的不平等状况。然后，采用基尼系数在转移支付前后的变化率评估转移支付的财力均等化效应。由于转移支付包括税收返还、一般性转移支付和专项转移支付三部分内容，它们在平衡地区财力中的作用不同，需要分别计算其各自的财力均等化效应。

4.2.1　总量转移支付的财力均等化效应分析

表 4-3 列出了基尼系数在转移支付前后的变化情况，从中我们可以看出，在实施财政转移支付后，基尼系数呈现先增加后减少的趋势。基尼系数从 2000 年的 0.314 提高到 2003 年的 0.344，但随后逐步降低，2007 年降至 0.334。我们通过变化率还可以看出，人均财力差距的缩小幅度也在不断提高，已经从 2000 年的-20.32%提升到 2007 年的-72.56%。这说明财政转移支付缩小了县级政府间的人均财力差距。

表 4-3　2000—2007 年转移支付前后县级人均财力比较

年份	人均本级财政收入	人均可支配财力	
	基尼系数	基尼系数	变化率（%）
2000	0.377	0.314	-20.32
2001	0.411	0.313	-31.60
2002	0.448	0.329	-36.12
2003	0.490	0.344	-42.26
2004	0.510	0.341	-49.81
2005	0.550	0.339	-62.31
2006	0.561	0.337	-66.24
2007	0.576	0.334	-72.56

注：变化率=（总财力基尼系数-本级财政收入基尼系数）/总量转移支付基尼系数。

2000—2007 年转移支付前后县级财力基尼系数的变化趋势如图 4-2 所示，本级财政收入曲线表示转移支付前人均自有财力基尼系数的变动趋势，总财力曲线表示转移支付后人均可支配财力基尼系数的变动趋势。从中我们可以看出，县级政府人均自有财力基尼系数曲线处于较高水平，2000—2005年逐步上升，2005年以后趋于稳定；县级政府在接受转移支付以后，人均可支配财力的基尼系数出现较大幅度下降，整条曲线向下移动，下降的幅度也随着时间的推移逐步增大，这也进一步说明财政转移支付缩小了县级政府间的人均财力差距。

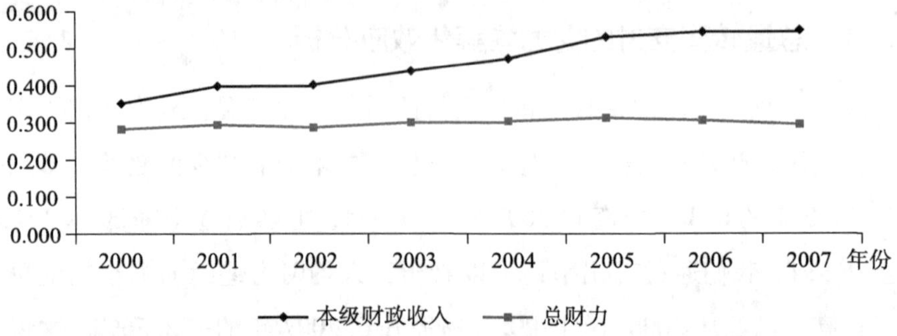

图 4-2 2000—2007 年转移支付前后县级财力基尼系数的变化趋势

4.2.2 分项转移支付的财力均等化效应分析

从总体上看，转移支付缩小了地区间的财政差距，起到了一定的财力均等化作用，但税收返还、财力性转移支付和专项转移支付在平衡地区财力中的作用不同，我们还需进一步考察这三者的财力均等化效应。

4.2.2.1 税收返还的财力均等化效应分析

从表4-4可以看出，税收返还对本级财政收入基尼系数减小的作用有限。在人均本级财政收入之上增加税收返还后，基尼系数总体呈现增长趋势，即拉大了地区间的财力差距。2000年、2001年、2002年和2004年四个年份的财力基尼系数大于零，虽然2003年、2005年、2006年和2007年的基尼系数呈现负向变化，但是促减幅度并不是很大，从总体上说，税收返还对缩小人均财力差距的作用有限。

表 4-4　2000—2007 年县级人均税收返还的财力均等化效应

年份	本级财政收入	税收返还	
	基尼系数	基尼系数	变化率（%）
2000	0.377	0.383	1.56
2001	0.411	0.412	0.13
2002	0.448	0.453	1.14
2003	0.490	0.489	-0.18
2004	0.510	0.511	0.19
2005	0.550	0.537	-2.44
2006	0.561	0.548	-2.27
2007	0.576	0.563	-2.35

2000—2007 年县级人均税收返还的均等化效应如图 4-3 所示，从中我们可以看出，本级财政收入基尼系数曲线和税收返还后人均财力基尼系数曲线几乎重合，没有随着时间的推移发生明显背离，这说明税收返还对本级财政收入基尼系数减小的作用有限，基尼系数总体呈现增长趋势。

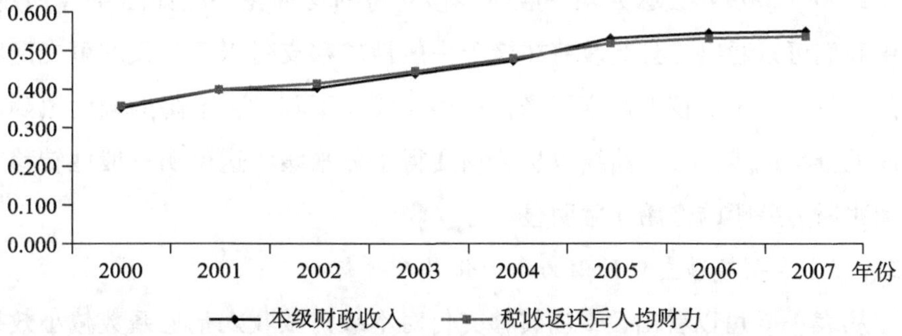

图 4-3　2000—2007 年县级人均税收返还均等化效应

4.2.2.2　一般性转移支付的财力均等化效应分析

从表 4-5 可以看出，一般性转移支付对本级财政收入基尼系数减小的作用显著。加入一般性转移支付以后，人均财力的基尼系数大幅下降，都低于转移支付前本级财政收入的基尼系数值，并且都小于 0.4。从变化率来看，一般性转移支付基尼系数的促减作用十分显著，从 2000 年的-21.26%扩大到 2007 年的-59.72%，这说明一般性转移支付起到了调节县级财力差距的作用，并且效果非常显著。

表 4-5 2000—2007 年县级一般性转移支付的财力均等化效应

年份	本级财政收入	一般性转移支付	
	基尼系数	基尼系数	变化率（%）
2000	0.377	0.311	-21.26
2001	0.411	0.315	-30.74
2002	0.448	0.323	-38.60
2003	0.490	0.345	-42.17
2004	0.510	0.336	-51.75
2005	0.550	0.345	-59.61
2006	0.561	0.349	-60.63
2007	0.576	0.360	-59.72

2000—2007 年县级人均一般性转移支付的均等化效应如图 4-4 所示，从中我们可以看出，县级政府在接受一般性转移支付以后，人均可支配财力的基尼系数出现较大幅度下降，整条曲线向下移动，下降的幅度也随着时间的推移逐步扩大，曲线也从陡峭变得十分平缓，这说明一般性转移支付减小财力差距的作用非常明显。

4.2.2.3 专项转移支付的财力均等化效应分析

从表 4-6 可以看出，专项转移支付对本级财政收入基尼系数减小效果显著。加入专项转移支付以后，人均财力的基尼系数大幅度下降，都低于转移支付前本级财政收入的基尼系数值，并且都小于 0.5。从变化率来看，专项转移支付对于基尼系数的促减作用十分显著，从 2000 年的-11.60%扩大到 2007 年的-27.16%，这说明专项转移支付缩小了县级政府间的人均财力差距。

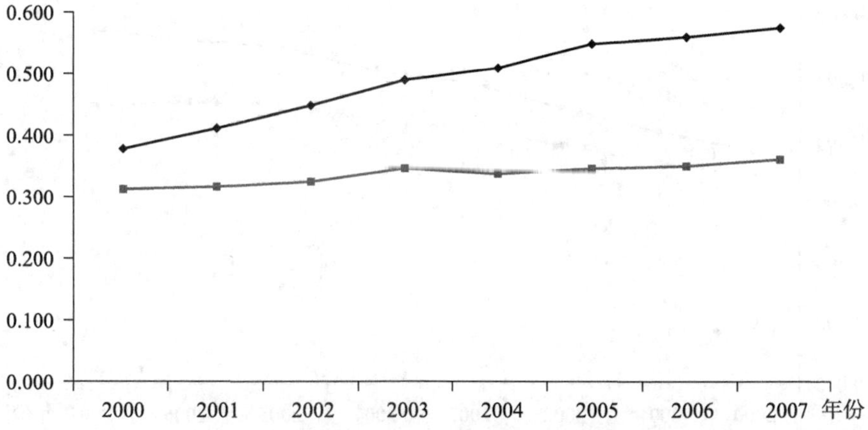

图 4-4　2000—2007 年县级一般性转移支付的均等化效应

表 4-6　2000—2007 年县级专项转移支付的财力均等化效应

年份	本级财政收入	专项转移支付	
	基尼系数	基尼系数	变化率（%）
2000	0. 377	0. 338	−11. 60
2001	0. 411	0. 359	−14. 57
2002	0. 448	0. 387	−15. 90
2003	0. 490	0. 417	−17. 45
2004	0. 510	0. 428	−19. 12
2005	0. 550	0. 458	−19. 97
2006	0. 561	0. 458	−22. 45
2007	0. 576	0. 453	−27. 16

2000—2007 年县级人均专项转移支付的均等化效应如图 4-5 所示，从中我们可以看出，县级政府在接受专项转移支付以后，人均可支配财力的基尼系数出现较大幅度下降，整条曲线向下移动，下降的幅度也随着时间的推移逐步扩大，曲线也变得较为平缓，这说明专项转移支付缩小地区间财力差距的作用明显。

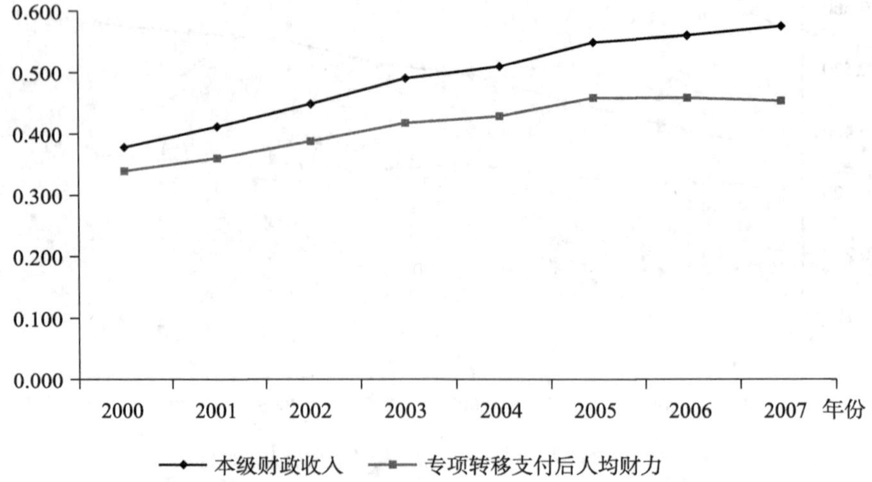

图 4-5 2000—2007 年县级人均专项转移支付的均等化效应

4.2.3 转移支付的财力均等化效应综合分析

我们把本级财政收入、总量转移支付和税收返还、一般性转移支付、专项转移支付的基尼系数值以及变化率统一在表 4-7 中，综合分析转移支付的财力均等化效应。从表 4-7 可以看出，在转移支付之前，县级本级财政收入的基尼系数值最低为 0.377，最高达到 0.576。在县级政府接受转移支付以后，县级政府可支配财力的基尼系数相应降低，并且全部低于 0.35。基尼系数的变化率也从 2000 年的-20.32%扩大到 2007 年-72.56%，这表明总量转移支付对财力差距起到了很大的促减作用。

从税收返还、一般性转移支付、专项转移支付的基尼系数值以及变化率来看，税收返还对本级财政收入基尼系数减小的作用有限；一般性转移支付的作用从 2000 年的-21.26%扩大到 2007 年-59.72%，这表明其在缩小县级政府的财力差距方面起的作用最为明显。专项转移支付基尼系数的变化率从 2000 年的-11.60%扩大到 2007 年-27.16%，尽管低于一般性转移支付的财力均等化作用，但在缩小县级政府的财力差距方面起的作用仍然很明显。

表 4-7　2000—2007 年县级转移支付的基尼系数

变量	指标	2000 年	2001 年	2002 年	2003 年	2004 年	2005 年	2006 年	2007 年
本级财政收入	基尼系数	0.377	0.411	0.448	0.490	0.510	0.550	0.561	0.576
总量转移支付	基尼系数	0.314	0.313	0.329	0.344	0.341	0.339	0.337	0.334
	变化率（%）	-20.32	-31.60	-36.12	-42.26	-49.81	-62.31	-66.24	-72.56
税收返还	基尼系数	0.383	0.412	0.453	0.489	0.511	0.537	0.548	0.563
	变化率（%）	1.56	0.13	1.14	-0.18	0.19	-2.44	-2.27	-2.35
一般性转移支付	基尼系数	0.311	0.315	0.323	0.345	0.336	0.345	0.349	0.360
	变化率（%）	-21.26	-30.74	-38.60	-42.17	-51.75	-59.61	-60.63	-59.72
专项转移支付	基尼系数	0.338	0.359	0.387	0.417	0.428	0.458	0.458	0.453
	变化率（%）	-11.60	-14.57	-15.90	-17.45	-19.12	-19.97	-22.45	-27.16

县级转移支付的财力均等化效应如图 4-6 所示，从中我们可以看出，本级财政收入的基尼系数曲线处于最高水平，表明转移支付前人均财力差距最大。本级财政收入的基尼系数曲线和税收返还后的人均财力基尼系数曲线几乎重合，没有随着时间的推移发生明显背离，而分别加入一

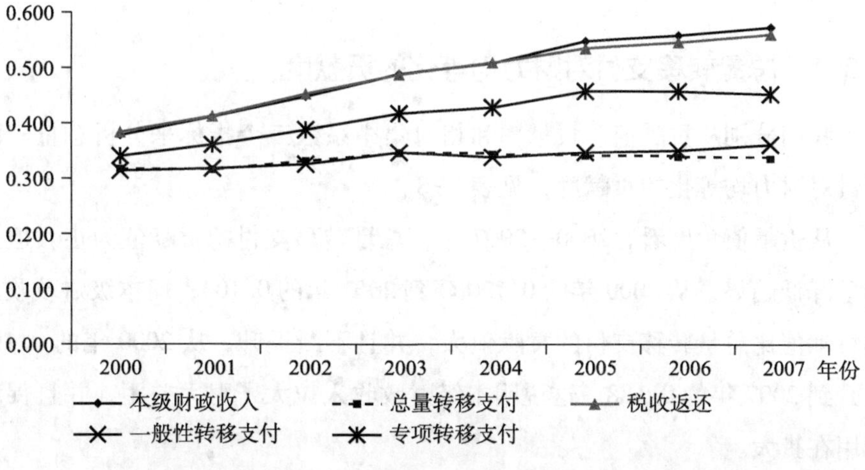

图 4-6　2000—2007 年县级转移支付的财力均等化效应

般性转移支付和专项转移支付以后，人均可支配财力的基尼系数出现较大幅度下降，整条曲线向下移动，下降的幅度也随着时间的推移逐步扩大。但是，与本级财政收入的基尼系数曲线和专项转移支付的人均财力基尼系数曲线间的距离相比，本级财政收入的基尼系数曲线和一般性转移支付的人均财力基尼系数间的距离更大，说明一般性转移支付的促减作用比专项转移支付大。从总体上讲，总量转移支付缩小了财力差距，其中一般性转移支付的促减作用最大，专项转移支付次之，税收返还最小。

4.3 转移支付对财力均等化的贡献度分析

上一节我们采用基尼系数方法计算了转移支付及其组成部分对县级财力均等化的影响。然而，仅仅分析基尼系数指标变化就给出转移支付的均等性结论是片面的，我们更希望了解本级财力和转移支付究竟谁对财力均等化的贡献大，以及税收返还、一般性转移支付和专项转移支付三者中谁对财力均等化的贡献最大。因此，我们把基尼系数按照贡献值、贡献率和相对集中系数进行了分解，分析转移支付对财力均等化的贡献度。

4.3.1 总量转移支付对财力均等化的贡献度

我们分别从贡献值、贡献率和相对集中系数三个指标来分析总量转移支付对财力均等化的贡献度，见表4-8。

从贡献值角度看，2000—2007年，总量转移支付的贡献值为正，但总体呈降低趋势，从2000年的0.120降到2007年的0.104；而本级财政收入的贡献值比总量转移支付的贡献值大，并且不断提升，从2000年的0.160上升到2007年的0.188。这说明本级财政收入拉大了财力差距，并且促增作用在扩大。

表4-8　2000—2007年县级总量转移支付对财力均等化的贡献度

变量	指标	2000年	2001年	2002年	2003年	2004年	2005年	2006年	2007年
总量转移支付	集中率	0.262	0.243	0.253	0.241	0.235	0.207	0.190	0.172
	比重（%）	45.72	55.28	58.35	58.15	61.24	60.13	60.41	60.81
	贡献值	0.120	0.134	0.148	0.140	0.144	0.125	0.115	0.104
	贡献率（%）	42.81	45.89	51.91	46.98	47.8	40.08	37.7	35.57
	相对集中系数	0.936	0.830	0.890	0.808	0.781	0.667	0.624	0.585
本级财政收入	集中率	0.295	0.347	0.327	0.377	0.404	0.466	0.477	0.481
	比重（%）	54.28	45.57	41.65	41.85	38.76	39.87	39.59	39.19
	贡献值	0.160	0.158	0.136	0.158	0.157	0.186	0.189	0.188
	贡献率（%）	57.19	54.11	47.9	52.85	52.01	59.74	62.13	64.25
	相对集中系数	1.053	1.187	1.150	1.263	1.342	1.498	1.569	1.639

从贡献率的角度看，2000—2007年，总量转移支付对财力差距的贡献率小于50%，且总体呈降低趋势，从2000年的42.81%降到2007年的35.57%；本级财政收入的贡献率比总量转移支付的贡献率大，并且不断提升，从2000年的57.19%增长到2007年的64.25%。这说明总量转移支付贡献率的下降在一定程度上减缓了财力差距的拉大，但本级财政收入贡献率的不断上升拉大了财力差距，并且促增作用在扩大。

从相对集中系数的角度看，总量转移支付的相对系数大于0，但小于1。2001—2002年，该系数出现小幅增长，2002年以后下降幅度较快。这说明转移支付减弱了财力的非均等化效应，但总体上还是加剧了财力差距的拉大。本级财政收入的相对集中系数都大于1，也远大于总量转移支付的相对集中系数，从2000年的1.053增长到2007年的1.639（如图4-7所示）。由此可以得出结论，本级财政收入与总量转移支付均对财力差距的拉大起到了作用，但总量转移支付的扩增作用在减弱，这也说明全国县级财力差距主要还是因为本级财政收入的差距过大。因此，仅通过财政转移支付扭转财力不平等并不能达到理想效果，加强财力初次分配的均衡性才是缓解地区财力不均衡问题的重要途径。

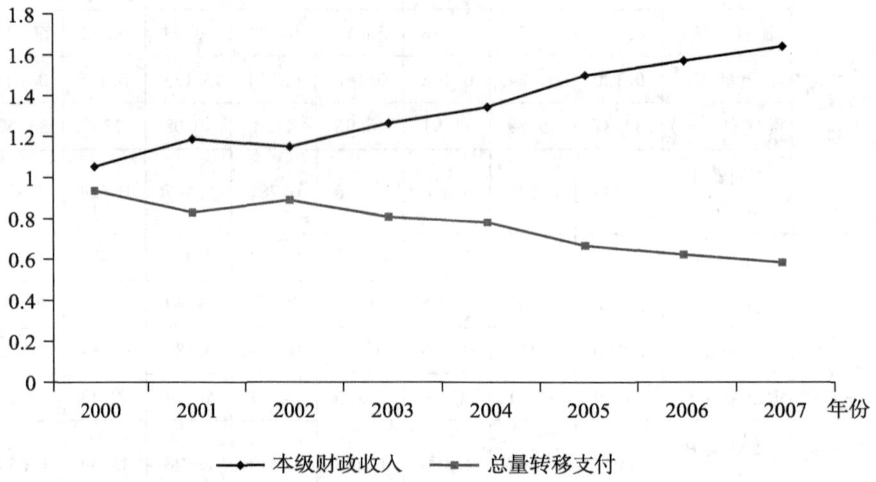

图 4-7　2000—2007 年县级本级财政收入及总量转移支付的相对集中系数

4. 3. 2　分项转移支付对财力均等化的贡献度

4. 3. 2. 1　税收返还对财力均等化的贡献度

我们分别从贡献值、贡献率和相对集中系数三个指标来分析税收返还对财力均等化的贡献度，见表 4-9。首先，从贡献值角度看，2000—2007 年，税收返还的贡献值为正，说明它拉大了财力差距。其次，税收返还的相对集中系数在 1. 237 和 1. 464 之间，并且都大于 1，说明税收返还加剧了地方政府的财力差距。最后，税收返还对财力差距的贡献率大。2000 年，税收返还的基尼贡献率达到 21. 17%，2000—2004 年，基尼贡献率下降幅度不大，除了 2001 年以外，其他年份贡献率都不低于 19%。税收返还是 1994 年分税制改革中，为了维护地方利益，中央对地方采取的分配方式，但由于不考虑地区财政收支差异，它不具有均等化特性，甚至是逆均等化的，会进一步拉大县级财力差距。随着我国逐步降低税收返还在转移支付中的比重，税收返还对财力差距的贡献率会不断下降，其逆向调节作用也会不断减弱。从表 4-9 还可以看出，2004 年税收返还的贡献率达到 19. 50%，但到了 2007 年，该值仅为 8. 89%。

表 4-9　2000—2007 年县级税收返还对财力均等化的贡献度

年份	集中率	比重（%）	贡献值	贡献率（%）	相对集中系数
2000	0. 355	16. 70	0. 059	21. 17	1. 267
2001	0. 362	12. 27	0. 044	15. 17	1. 237
2002	0. 388	15. 70	0. 061	21. 41	1. 364
2003	0. 388	14. 73	0. 057	19. 15	1. 300
2004	0. 441	13. 32	0. 059	19. 50	1. 464
2005	0. 415	10. 20	0. 042	13. 61	1. 335
2006	0. 414	8. 37	0. 035	11. 40	1. 362
2007	0. 400	6. 51	0. 026	8. 89	1. 364

县级本级财政收入以及税收返还的相对集中系数如图 4-8 所示，从中可以看出，在 2004 年以前，税收返还的相对集中系数值高于本级财政收入，这说明税收返还拉大了财力差距；但在 2004 年以后，税收返还的相对集中系数值低于本级财政收入，这说明税收返还拉大财力差距的作用有所下降。

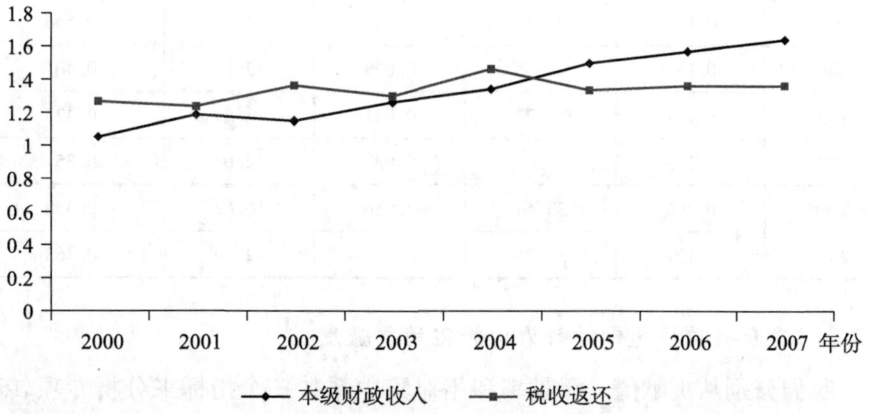

图 4-8　2000—2007 年县级本级财政收入以及税收返还的相对集中系数

4.3.2.2 一般性转移支付对财力均等化的贡献度

我们分别从贡献值、贡献率和相对集中系数三个指标来分析一般性转移支付对财力均等化的贡献度，见表 4-10。首先，从贡献值角度看，2000—2007 年，一般性转移支付的贡献值为正，说明它拉大了财力差距，但数值上显著小于税收返还。其次，一般性转移支付的相对集中系数在 0.35 和 0.64 之间，并且都小于 1，总体上呈下降趋势（如图 4-9 所示），这说明一般性转移支付缩小了地方政府的财力差距。最后，一般性转移支付对财力差距的贡献率较大。2000 年，一般性转移支付的基尼贡献率达到 9.27%，之后呈波动上升趋势，到 2007 年，一般性转移支付的基尼贡献率达到 12.49%。尽管一般性转移支付按照因素法进行分配，不规定县级政府的具体用途，具有较强的均等化效应，但一般性转移支付比重提高较为缓慢，特别是均衡性转移支付，在一般性转移支付中的比重不足 1/2，这严重影响了一般性转移支付在均衡地区财力中的作用发挥。

表 4-10 2000—2007 年县级一般性转移支付对财力均等化的贡献度

年份	集中率	比重（%）	贡献值	贡献率（%）	相对集中系数
2000	0.166	15.61	0.026	9.27	0.594
2001	0.185	23.69	0.044	15.00	0.633
2002	0.155	27.30	0.042	14.91	0.546
2003	0.137	28.15	0.039	12.97	0.461
2004	0.128	31.77	0.041	13.49	0.425
2005	0.111	33.64	0.037	12.02	0.357
2006	0.106	33.64	0.036	10.62	0.350
2007	0.107	34.38	0.037	12.49	0.363

4.3.2.3 专项转移支付对财力均等化的贡献度

我们分别从贡献值、贡献率和相对集中系数三个指标来分析专项转移支付对财力均等化的贡献度，见表 4-11。首先，从贡献值角度看，2000—2007 年，专项转移支付的贡献值均为正，说明它拉大了财力差距，但数值

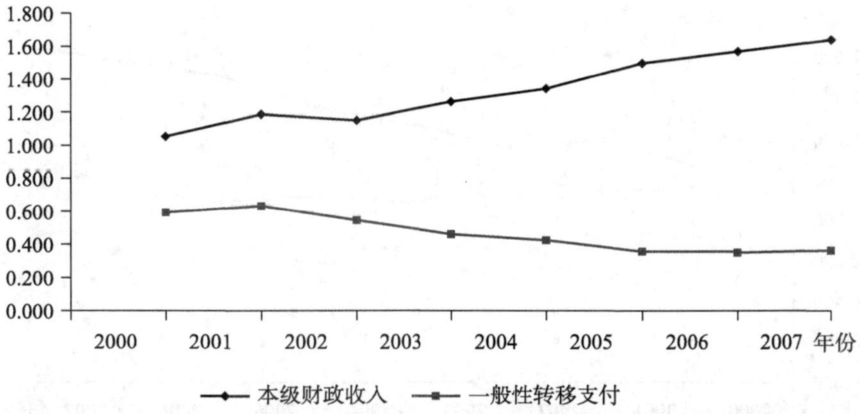

图 4-9　2000—2007 年县级本级财政收入以及一般性转移支付的相对集中系数

上小于税收返还。其次，专项转移支付对财力差距的贡献率较大，2000—2007 年，基尼贡献率在 13.41%和 15.72%之间。最后，专项转移支付的相对集中系数在 0.713 和 1.016 之间，2000—2007 年，相对集中系数均接近 1，总体上呈逐年降低趋势（如图 4-10 所示），说明专项转移支付拉大了县级财力差距，但作用在减弱。专项转移支付是国家为了实现特定目的，委托地方政府从事事务而划拨的资金，资金的分配主要采用项目制进行，需要地方政府按照一定配套率进行配套，这会导致发达地区由于财力雄厚能够为项目提供配套资金，从而获得更多专项转移支付资金，欠发达地区则由于无法提供配套资金而无法得到更多的专项转移支付资金。

表 4-11　2000—2007 年县级专项转移支付对财力均等化的贡献度

年份	集中率	比重（%）	贡献值	贡献率（%）	相对集中系数
2000	0.268	14.82	0.040	14.17	0.956
2001	0.275	16.75	0.046	15.72	0.939
2002	0.289	15.35	0.044	15.59	1.016
2003	0.262	15.27	0.040	13.41	0.878
2004	0.276	16.15	0.045	14.81	0.917
2005	0.276	16.29	0.045	14.45	0.887
2006	0.247	17.47	0.043	14.19	0.812
2007	0.209	19.92	0.042	14.19	0.713

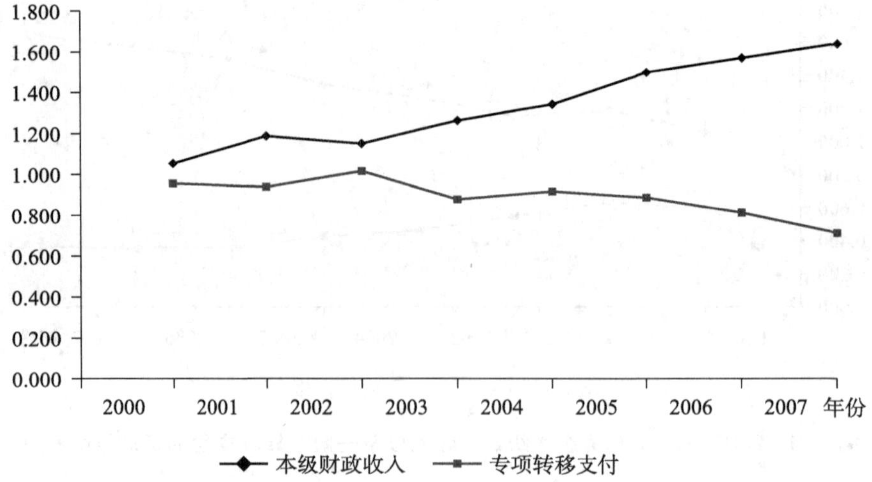

图 4-10　2000—2007 年县级本级财政收入以及专项转移支付的相对集中系数

综上所述，本级财政收入与总量转移支付对于拉大财力差距都起到了作用，但是总量转移支付的扩增作用在减弱，这也说明全国县级财力差距主要还是因为本级财政收入差距过大。在分项转移支付中，专项转移支付的贡献度最高，一般性转移支付的贡献度次之。随着时间的推移，税收返还的贡献率在不断下降。

4.4　转移支付财力均等化的影响因素

为了进一步分析影响财政转移支付均等化的因素，我们对全国县级财政转移支付均等化效应按照转移支付的规模（S_k）、相对相关系数（R_k）和自身的基尼系数（G_k）做了进一步的基尼系数分解。

4.4.1　总量转移支付财力均等化的影响因素

2000—2007 年县级总量转移支付和本级财政收入对财力均等化影响因素的结构分解见表 4-12。首先，从转移支付的规模（S_k）来看，转移支付在总财力中的规模从 2000 年的 0.457 上升到 2007 年的 0.608，这说明中央对县级政府的转移支付规模在扩大。其次，从相对相关系数（R_k）来看，

2000年，转移支付的相对相关系数为0.798，到了2007年，该值下降到0.718，都大于0，这说明转移支付没有很好地平衡县级政府间财力，但是随着转移支付中一般性转移支付比重的不断增加，转移支付的财力非均等化程度在逐渐减弱。最后，从自身的基尼系数（G_k）来看，总量转移支付自身的基尼系数从2000年的0.329降到2007年的0.239，本级财政收入自身的基尼系数从2000年的0.350增长到2007年的0.552，这说明本级财政收入的贡献度大于转移支付。

表4-12 2000—2007年县级总量转移支付和本级财政收入对财力均等化影响因素的结构分解

年份	总量转移支付			本级财政收入		
	S_k	R_k	G_k	S_k	R_k	G_k
2000	0.457	0.798	0.329	0.543	0.842	0.350
2001	0.553	0.748	0.324	0.456	0.872	0.398
2002	0.583	0.856	0.296	0.417	0.814	0.402
2003	0.581	0.859	0.280	0.419	0.857	0.440
2004	0.612	0.862	0.273	0.388	0.854	0.473
2005	0.601	0.805	0.258	0.399	0.875	0.533
2006	0.604	0.770	0.247	0.396	0.872	0.547
2007	0.608	0.718	0.239	0.392	0.871	0.552

从总体上看，中央在不断加大对县级政府的转移支付规模，转移支付自身的基尼系数也在不断减小，但相对相关系数大于0，这说明转移支付没有很好地起到平衡县级政府间财力的作用，但是随着转移支付中一般性转移支付比重的不断增加，转移支付的财力非均等化作用在逐渐减弱。

4.4.2 分项转移支付财力均等化的影响因素

4.4.2.1 税收返还财力均等化的影响因素

2000—2007年县级税收返还对财力均等化影响因素的结构分解见表4-13。首先，从税收返还的规模（S_k）来看，税收返还在总财力中的规模从2000年的0.167降到2007年的0.065，这说明中央对县级政府的税收返还规模在缩小。其次，从相对相关系数（R_k）来看，税收返还的相对相关系数（R_k）均为正值，从 2000 年的 0.753 降至 2007 年的 0.751，变化幅度不大，都大于 0，这说明税收返还没有很好地平衡县级政府间的财力。最后，从税收返还自身的基尼系数（G_k）来看，从 2000 年的 0.472 上升到 2007 年的 0.533，但幅度非常小，其规模也在逐渐减小，这说明税收返还对县级财力差距的贡献率是非常有限的。

表 4-13 2000—2007 年县级税收返还财力均等化影响因素的结构分解

年份	税收返还		
	S_k	R_k	G_k
2000	0.167	0.753	0.472
2001	0.123	0.745	0.485
2002	0.157	0.770	0.504
2003	0.147	0.728	0.533
2004	0.133	0.809	0.545
2005	0.102	0.802	0.518
2006	0.084	0.797	0.520
2007	0.065	0.751	0.533

从总体上看，中央对县级政府的税收返还规模越来越小，但税收返还自身的基尼系数变化不大，且相对相关系数大于 0，这说明税收返还没有很好地平衡县级政府间的财力。但是，随着转移支付中税收返还比重的不断降低，转移支付的财力非均等化作用在逐渐减弱。

4.4.2.2 一般性转移支付财力均等化的影响因素

2000—2007 年县级一般性转移支付对财力均等化影响因素的结构分解见表 4-14。首先，从一般性转移支付的规模（S_k）来看，一般性转移支付在总财力中的规模不断增长，从 2000 年的 0.156 增长到 2007 年的 0.344，总体呈增长趋势，但是比重比较小。其次，从相对相关系数（R_k）来看，一般性转移支付的相对相关系数稳定在 0.34 和 0.44 之间，显著小于税收返还和专项转移支付的相对相关系数（R_k），这说明一般性转移支付的财力均等化作用在不断增强。最后，从一般性转移支付自身的基尼系数（G_k）来看，基尼系数相对较小，且从 2000 年的 0.486 降到 2007 年的 0.298，但由于自身的规模比较小，一般性转移支付对财力均等化的作用远未达到应有的程度。

表 4-14　2000—2007 年县级一般性转移支付财力均等化影响因素的结构分解

年份	一般性转移支付		
	S_k	R_k	G_k
2000	0.156	0.342	0.486
2001	0.237	0.431	0.430
2002	0.273	0.403	0.386
2003	0.282	0.400	0.343
2004	0.318	0.410	0.312
2005	0.336	0.376	0.295
2006	0.336	0.361	0.295
2007	0.344	0.357	0.298

从总体上看，尽管一般性转移支付按照因素法进行分配，不规定县级政府的具体用途，具有较强的均等化效应，自身的基尼系数也很小，但一般性转移支付占比提高较为缓慢，这严重影响了它在均衡地区财力差距中的作用发挥。

4.4.2.3　专项转移支付财力均等化的影响因素

2000—2007 年县级专项转移支付对财力均等化影响因素的结构分解见表 4-15。首先，从专项转移支付的规模（S_k）来看，专项转移支付的规模不断增大，从 2000 年的 0.148 增长到 2007 年的 0.199。其次，从相对相关系数（R_k）来看，专项转移支付的相对相关系数（R_k）为正值，呈现小幅攀升的趋势，不均等程度仅次于税收返还。最后，从专项转移支付自身的基尼系数（G_k）来看，从 2000 年的 0.427 下降到 2007 年的 0.302，虽然有下降的趋势，但比总量转移支付自身的基尼系数要高。

从总体上看，专项转移支付规模增长较快，相对相关系数大于 0，且呈现小幅攀升的趋势，尽管自身的基尼系数在不断下降，但仍然拉大了县级政府间的财力差距。

表 4-15 2000—2007 年县级专项转移支付财力均等化影响因素的结构分解

年份	专项转移支付		
	S_k	R_k	G_k
2000	0.148	0.627	0.427
2001	0.168	0.607	0.452
2002	0.154	0.668	0.433
2003	0.153	0.657	0.399
2004	0.162	0.669	0.413
2005	0.163	0.707	0.391
2006	0.175	0.703	0.351
2007	0.199	0.692	0.302

第 5 章
我国县级转移支付对基本公共服务均等化的激励效应分析
Chapter Five

提供公共服务是政府的主要职能之一。我国当前的制度安排是将公共服务的支出责任下放到地方基层政府，地方基层政府承担着全国 80% 的财政支出。因此，一个县市的基本公共服务水平与各地的公共服务均等化水平同该县市的基层政府所受到的激励及支出行为密切相关。1994 年分税制改革以来，财政转移支付制度日益成熟和完善，规模不断扩大，1994 年一般性转移支付和专项转移支付的规模分别仅有 136 亿元和 361 亿元，而 2018 年中央对地方的一般性转移支付和专项转移支付预算则高达38722. 06 亿元和 22927. 09 亿元。尽管如此，地区之间在义务教育、医疗卫生和社会保障等基本公共服务方面的非均等化状况仍然很严重。2018 年 11 月 28 日，中共中央、国务院明确提出要围绕努力实现基本公共服务均等化等目标，加快建立区域均衡的财政转移支付制度①。因此，研究转移支付结构对基本公共服务均等化的影响具有重要意义，直接关系到我国高水平和高质量区域协调发展的实现。

传统的财政分权理论认为：财政分权能够促使地方政府更关注本地区居民偏好，有利于改善地方公共产品提供效率。但是，由于外部性和地区间的财力差距，财政分权并未有效提高公共产品效率，反而加重了地区间公共服务的失衡。转移支付作为调节地区间财政失衡的关键举措，会在一

① 参见《中共中央 国务院关于建立更加有效的区域协调发展新机制的意见》。

定程度上作用于地方政府的财政支出行为。Bradford 和 Oates（1971）认为，一次转移支付相当于一定量的减税，不会导致政府支出增加，而 Dahlberg 等（2008）基于瑞典数据进行研究后发现，无条件转移支付提高了地方支出，而不是降低税率。同时，“粘蝇纸效应”（flypaper effect）的提出及实证研究发现，转移支付对财政支出的刺激作用要大于对地方居民收入（或国内生产总值）的刺激作用（Gramlich，1977；Knight，2002；Dahlby，2011）。之后，相关学者从转移支付的均等化效应方面展开研究，发现全面的财政均等化项目有助于解决财政上的不平等和资源配置效率的低下问题，提出以完善财政支出框架、提升转移支付的均衡水平等财政制度改革措施来实现公共服务均等化。然而不同国家的转移支付对公共服务的均等化效应也不尽相同。Albouy（2012）研究加拿大转移支付的均等化效应时得出了否定结论，Litschig（2013）的研究则认为巴西的转移支付提高了教育均等化水平。

国内学者早期从转移支付的财力均等化角度进行研究后发现，转移支付对促进财力均等化的作用较为有限，并且均等化作用主要体现在财政供养人口方面，其目的更多的是“保运转”与“搞建设”（王瑞民、陶然，2017）。尹恒等（2007）、贾晓俊等（2015）研究发现，一般性转移支付能够在一定程度上缩小地区间的财力不均等，税收返还和专项转移支付则扩大了县级财力不均等。地方政府财力增加能否使其提供更多的公共服务，实现公共服务均等化？一直以来没有统一的结论。在转移支付对公共服务供给水平和结构的影响方面，乔宝云等（2005）、傅勇（2010）、付文林和沈坤荣（2012）认为，地方政府存在明显的“重投资、轻民生”倾向，更偏向于将可自由支配的财政资金用于基础设施建设，而不是基本公共服务供给；田侃和亓寿伟（2013）、尹振东和汤玉刚（2016）等则认为，基础教育水平、基本医疗卫生等公共服务在转移支付的激励下得到了相应的改善，并且与一般性转移支付相比，专项转移支付对基本公共服务供给的激励更强（宋小宁 等，2012；范子英、张军，2013）。关于转移支付对公共服务均等化的影响，研究文献相对较少，且大部分学者认为目前中国转移支付的公共服务均等化效应不足。一般性转移支付的基本公共服务均等化效应十分有限，均衡性转移支付的均等化效应也不突出，税收返还甚至拉大了地方公共服务的不均等程度（解垩，2007；伏润民 等，2012）。郭庆旺和贾俊雪（2008）认为，财政激励不足是中央转移支付不能有效促进地方公共服务均等化的原因。

通过对现有文献进行梳理，我们认为，相关研究结论大相径庭的原因可能有以下两点：①国内外相关文献大多分析转移支付对地方支出行为的影响，即使讲到均等化效应，也更多强调的是财力均等化。由于地方政府掌握着更全面的信息，且具有机会主义倾向，上级政府的财政转移支付资金未必都能实现预期的均等化目标，即存在“激励相容”问题。当前，我国地区间基本公共服务的差距仍然很大，转移支付的支出激励效应能否促进地区间基本公共服务均等化水平的提高，是转移支付制度安排有效性的重要体现。由于我国地方政府财政支出行为存在明显的偏好，在基层地方政府承受对上负责的巨大支出压力的财政现状下，将财政资金用于生产性支出是地方政府支出责任最大化的体现，寻求自身利益最大化的目标迫使地方基层政府放弃或者部分放弃对提高民生水平具有重要意义的公共服务建设，从而抑制了当地公共服务水平的提高。具体而言，我国义务教育、社会保障和医疗卫生等公共服务领域因缺乏财政资金，仍停留在较低水平。中央政府为了缓解各地方政府在进行公共服务建设时所面临的资金问题，实施了转移支付等保障财力薄弱地区基本支出的措施。虽然中央旨在通过这些手段来提升基层政府的财力，以确保基本公共服务建设的顺利进行并推动基本公共服务均等化，但由于地方政府支出偏好的不同，转移支付对各地基本公共服务均等化的推动作用也有所不同。②已有研究多采用省级数据进行经验分析，而中国分权框架下公共服务的主要供给者集中在省以下的地方政府，尤其是县级政府。转移支付规模和结构安排在很大程度上决定着县级政府行为的激励导向，更决定着县级政府对基本公共服务均等化的态度。东部地区作为我国经济发达地区，在财政体制上属于财力上解地区，为中央向中西部欠发达地区实施转移支付提供了财政资金。中西部欠发达地区的经济发展水平与财力水平比东部发达地区薄弱，因此基层政府更倾向于将财政资金用于生产性领域以促进经济发展、获得更多的财政收入，但这可能不利于当地公共服务水平的提高。此外，考虑到不同县市在财政体制改革方面存在差异，转移支付对这些县市公共服务水平所起的作用也会有所不同。

5.1 实证模型设计

5.1.1 模型设定

我们基于分税制改革后转移支付在政府支出偏好作用下对基本公共服务水平的影响分析，建立如下模型验证转移支付能否促进县级公共服务水平的提升。

$$pub_{it}=\alpha_0+\beta_1 tr_{it}+\beta_2 ph_{it}+\beta_3 tr_{it}\times ph_{it}+\beta_k X_{it}+\varphi_i+\eta_t+\varepsilon_{it} \qquad (5-1)$$

其中，i 表示县级政府，t 表示年份；被解释变量 pub_{it} 表示 i 县 t 年的公共服务水平，主要包括基本公共服务总指数（*zhzs*1）、义务教育指数（*sedu*1）、医疗卫生指数（*smed*1）和社会保障指数（*ssoc*1）；tr_{it} 表示 i 县 t 年接受的来自上级的人均转移支付，我们也进一步考察了人均一般性转移支付（*ytr*）、人均专项转移支付（*ztr*）和人均税收返还（*str*）等对基本公共服务水平的影响；ph_{it} 表示 i 县 t 年的政府支出偏好，参考陈思霞（2014）的研究，本章选取口径较为一致的教育支出和社会保障支出进行加总，以两者在财政支出中的比重作为县级政府支出偏好；$tr_{it}\times ph_{it}$ 表示两者的交乘项；X_{it} 是一组控制变量，包括人均 GDP 水平（*pgdp*）、城镇化率（*urbanization*）、人口密度（*density*）、第一产业占比（*priratio*）、第二产业占比（*seratio*）、财政供养人口占比（*fispop*）等；φ_i 和 η_t 分别表示县和年份的固定效应；ε_{it} 为随机扰动项。其中，人均 GDP 能反映一个地区的经济发展状况，经济发展也会带动基本公共服务的提升；城镇化率、人口密度反映基本公共服务的需求水平，这会影响基本公共服务供给；第一产业占比、第二产业占比代表一个地区的产业结构水平，与基本公共服务密切相关；财政供养人口占比反映县级政府规模，过多的财政供养人口会对基本公共服务水平造成负面影响。

5.1.2　数据说明

本章的基本公共服务相关指标数据来源于《中国县（市）社会经济统计年鉴》，转移支付、控制变量等相关经济指标数据主要来源于《全国地市县财政统计资料》及各省统计年鉴。本章的样本区间为 2000—2007 年，在此之前，转移支付规模小且不规范，而之后，《全国地市县财政统计资料》的统计口径进行了较大调整，因此，为了数据的可比性，我们将样本起止点定为 2000 年和 2007 年。

为消除价格因素的影响，我们以 2000 年为基期，根据《中国统计年鉴》公布的各省 GDP 指数计算出省份 GDP 平减指数，对涉及的经济指标进行平减。为剔除极端值的影响，本章对主要变量进行前后 1%样本缩尾处理。

5.1.3　变量的描述性统计

重要变量的描述性统计见表 5-1。其中，基本公共服务指数是我们在第 2 章中使用熵值法计算得出的。由于基本公共服务指数是一个介于 0 和 1 之间的小数，为了使后续的回归结果具有数量级别上的一致性，我们将计算出的基本公共服务指数乘以 10000。对被解释变量放大一定的倍数，并不会对回归结果造成影响，只会使回归结果的解释变量的系数放大相同的倍数。在表 5-1 中，基本公共服务总指数的最小取值为 21.99，最大取值为 4169，介于 0 到 10000 之间。基本公共服务总指数的平均值为 536.7，这表明，全国县域间基本公共服务水平差距较大，总体水平不高。义务教育指数的最小值为 65.23，最大值为 6242，同样介于 0 和 10000 之间，其中最大值是最小值的 95 倍。但义务教育指数的平均值为 1100，这说明相对于基本公共服务总指数，各县的义务教育水平表现较好。社会保障指数的最小值为0.272，最大值为5199。虽然社会保障的标准差较小，只有328.4，但社会保障指数的平均值只有315.6，这说明全国社会保障水平较高的县市较少，大部分县市社会保障水平较低。医疗卫生指数的最小值为0，最大值为6400，医疗卫生指数的平均值为685.9，接近中位数599.1，这说明全国大致一半的县医疗水平位于平均线之上。人均转移支付的最小值为-4442，这是因为，在发达市县，转移支付上解较多，超过了市县获得的转移支付金额，表现为负的人均净转移支付。其中，人均转移支付的最大值为4343元，平均值为571.5元，差距明显。

表5-1 重要变量的描述性统计

变量	观察值	平均值	标准差	最小值	中位数	最大值
*zhzs*1	15136	536.7	374.2	21.99	447.8	4169
*sedu*1	15136	1100	671.5	65.23	951.1	6242
*ssoc*1	15136	315.6	328.4	0.272	215.5	5199
*smed*1	15136	685.9	562.1	0	599.1	6400
tr	15136	571.5	604.4	-4442	401.0	4343
ytr	15136	360.6	401.6	-419.4	245.4	2813
ztr	15136	181.8	212.1	-29.68	111.7	1488
str	15136	83.82	98.68	-628.7	53.59	750.5
pgdp	15136	377511	476316	4624	222188	3349810
urbanization	15120	81.77	14.54	0	85.71	100
density	15125	292.2	271.1	0.144	200.1	3656
priratio	15132	0.304	0.142	-0.0225	0.304	0.704
seratio	15130	0.367	0.157	2.76*e*-05	0.353	0.824
fispop	15136	12651.43	6826.157	522	11219	47226

5.2 实证结果分析

5.2.1 基础回归结果分析

政府支出偏好作用下转移支付对基本公共服务指数的影响见表5-2。

表 5-2　政府支出偏好作用下转移支付对基本公共服务指数的影响

	(1) 人均净转移支付	(2) 人均一般性转移支付	(3) 人均专项转移支付	(4) 人均税收返还
人均转移支付	-0.171*** (0.0376)	-0.240*** (0.0555)	-0.397*** (0.0688)	-0.256 (0.1641)
ph	936.300*** (88.1186)	1，023.554*** (94.6154)	849.246*** (84.3981)	871.565*** (115.5292)
人均转移支付×*ph*	0.065 (0.1058)	-0.027 (0.1543)	0.555* (0.2944)	1.636* (0.8456)
pgdp	0.008*** (0.0031)	0.008*** (0.0031)	0.010*** (0.0036)	0.008** (0.0038)
urbanization	-0.144 (0.4607)	-0.239 (0.4440)	-0.057 (0.5128)	-0.129 (0.5341)
density	0.213*** (0.0758)	0.214*** (0.0796)	0.240*** (0.0819)	0.295*** (0.0937)
agratio	-109.651 (71.4834)	-92.818 (71.8224)	-89.980 (73.0713)	-69.387 (72.5680)
seratio	-58.780 (53.5072)	-61.599 (51.1224)	-41.668 (53.4626)	-38.116 (54.5898)
fispop	-349.010 (527.6159)	-181.640 (424.3281)	-1443.820** (701.8538)	-2344.554*** (778.8086)
常数项	41.647 (68.7491)	7.439 (67.2201)	53.183 (74.5765)	37.691 (80.5432)
年份固定效应	Yes	Yes	Yes	Yes
观察值	15102	15102	15102	15102
组内 R^2	0.823	0.822	0.813	0.805

注：*、**、***分别表示在10%、5%、1%的水平上显著；括号内为标准误。

表中的转移支付变量分别为人均净转移支付、人均一般性转移支付、人均专项转移支付和人均税收返还。从这四列的回归结果可以看出，四种类型的转移支付对县级基本公共服务水平均呈现抑制作用，且前三种类型的转移支付显著抑制了县级公共服务水平，但税收返还对县级基本公共服务的抑制作用没有得到显著性检验。政府支出偏好 ph 系数均为正且在 1%的水平上显著，说明政府支出偏好对基本公共服务水平具有显著的促进作用。我们经过分析发现，地方政府获得一般性转移支付，相当于增加了一笔额外的自有资金。为了实现自身利益最大化的目标，县级政府会将一般性转移支付资金用于生产性支出，这会迫使县级政府放弃或者部分放弃对提高民生水平具有重要意义的基本公共服务建设，从而抑制基本公共服务水平的提高。专项转移支付往往伴随着特定的政策目标和项目被下放给地方政府，相对一般性转移支付和税收返还而言，县级政府在专项转移支付中的操作空间虽然较小，但专项转移支付仍然不可避免地存在“漏出”行为。另外，由于专项转移支付替代了地方政府原本预算内用于基本公共服务建设的财政资金，影响了政府规划与建设的决策，其结果反而使专项转移支付并不利于提高县级基本公共服务水平，从而表现为对基本公共服务具有抑制作用。

进一步分析政府支出偏好的作用后我们发现，政府支出偏好越倾向于民生性支出，基本公共服务水平越会得到显著提升。人均转移支付和政府支出偏好的交乘项是本章所要考察的重点。在第（1）~（4）列中，人均净转移支付、人均一般性转移支付、人均专项转移支付和人均税收返还所对应的交乘项有正有负。首先，对人均净转移支付而言，政府支出偏好的存在削弱了转移支付对基本公共服务水平的负向作用。其中，当县级政府支出偏好较小时，转移支付对基本公共服务的负向作用占主导地位，表现为抑制县级基本公共服务水平；当县级政府支出偏好较大时，政府支出偏好占据主导地位。此时，政府支出偏好对基本公共服务具有促进作用。其次，对一般性转移支付而言，当政府支出偏好程度较低时，一般性转移支付和政府支出偏好会抑制当地基本公共服务的提升，一般性转移支付对基本公共服务的负向作用占据主导地位；当政府支出偏好程度较高时，一般性转移支付和政府支出偏好会促进基本公共服务的提升，政府支出偏好对公共服务的促进作用将占主导地位。最后，人均专项转移支付和税收返还的交乘项通过了 10%水平上的显著性检验。专项转移支付往往随着用于改善当地基本公共服务水平的特定项目而下拨给县市，且在一定程度上需要地方政府进行资金配套，结果可能导致其对地方基本公共服务的抑制作用并不明显。

5.2.2　基本公共服务分指标回归结果分析

转移支付对基本公共服务分项指标的回归结果见表 5-3。同表 5-2 中的回归结果一样，在回归中控制了各县市的人均 GDP 水平、城镇化水平、人口密度、第一产业占比、第二产业占比、财政供养人口占比等变量。此外，在回归中控制了年份固定效应。政府支出偏好（*ph*）系数均为正，且在 1%的水平上显著，说明政府支出偏好对义务教育、社会保障和医疗卫生等均具有显著的促进作用。结果表明，一般性转移支付（*ytr*）的系数为负，通过了显著性检验。每提高 1 个单位的一般性转移支付，就会使义务教育、社会保障和医疗卫生指数分别下降 0.185 个、0.217 个和 0.227 个单位。税收返还（*str*）和专项转移支付（*ztr*）的系数有负有正。首先，在义务教育分项模型中，专项转移支付的系数为负，并在 1%的水平上显著，说明专项转移支付对义务教育分项指标具有抑制作用；其次，在社会保障模型中，专项转移支付对社会保障指标具有促进作用，且在 5%的水平上显著，这意味着专项转移支付每提高一个单位，能够促进社会保障水平提高 0.104 个单位；最后，专项转移支付对医疗卫生指标具有抑制作用，专项转移支付提高 1 个单位，则医疗卫生指标下降 0.283 个单位。在义务教育分项模型中，税收返还系数为正值，但没有通过显著性检验。在社会保障模型中，税收返还系数为负值，也没有通过显著性检验。税收返还对医疗卫生指标具有促进作用，税收返还提高 1 个单位，则医疗卫生指标提高 0.500 个单位。

表 5-3　转移支付和基本公共服务分项指标

	(1) 义务教育	(2) 社会保障	(3) 医疗卫生
ytr	-0.185*** (0.0174)	-0.217*** (0.0235)	-0.227*** (0.0246)
ztr	-0.117*** (0.0206)	0.104** (0.0450)	-0.283*** (0.0314)
str	0.125 (0.0865)	-0.011 (0.0558)	0.500*** (0.1115)
ph	1166.287*** (42.5768)	1182.176*** (82.3192)	542.170*** (154.2618)
pgdp	0.010*** (0.0014)	0.005*** (0.0011)	0.011*** (0.0019)
urbanization	1.654*** (0.4905)	-1.141*** (0.2590)	-0.187 (0.3870)
density	0.685** (0.3415)	0.102*** (0.0253)	0.121*** (0.0310)
agratio	-100.649*** (33.5208)	-70.873* (39.7849)	-117.320*** (42.0412)
seratio	-21.854 (28.1793)	-66.540** (31.0903)	-111.662*** (39.0959)
fispop	-1700.927* (912.9121)	42.657 (234.6285)	342.041 (396.3656)
常数项	383.879*** (95.9868)	-38.234 (38.5544)	51.188 (59.9364)
年份固定效应	Yes	Yes	Yes
观察值	15102	15102	15102
组内 R^2	0.483	0.688	0.809

注：*、**、***分别表示在10%、5%、1%的水平上显著；括号内为标准误。

县级政府获得的一般性转移支付来自上级划拨，而一般性转移支付的分配原则是支援西部欠发达地区、弥补地方财力缺口。对欠发达地区而言，一般性转移支付的获得相当于为地方增加了一笔可自由支配的财政资金，增强了可自由支配的财力。一般性转移支付的分配公式表明，一般性转移支付资金规模往往与经济发展水平成反比。经济发展水平越高，转移支付系数越小，获得的一般性转移支付资金越少；经济发展越落后，获得的一般性转移支付资金越多。这会对地方政府发展经济造成负向激励，在一定程度上削弱其对经济增长的促进作用，进而降低地方政府的民生性公共服务能力，无法最大限度地实现支出激励向基本公共服务均等化效应的有效转化。专项转移支付的分配伴随着特定的项目，一般而言，地方政府获得的专项转移支付越多，基本公共服务水平的提升作用也越明显，但较多的专项转移支付资金并不能较好地促进地方公共服务水平的提升。在获得较多专项转移支付资金的情况下，更容易出现地方政府挪用资金的情况，从而降低资金的使用效率，抑制地方公共服务水平的提升。

5.2.3　分地区回归结果分析

在财政分权的背景下，我国地区间政府财力配置失衡，进而导致基本公共服务水平存在差异。为了进一步考察转移支付在政府支出偏好的作用下对基本公共服务水平影响的区域差异，我们依照东、中、西部的划分进行了分组回归。表 5-4 列示了控制各县市的人均 GDP 水平、城镇化水平、人口密度、第一产业占比、第二产业占比、财政供养人口占比等变量以及年份固定效应后东、中、西部地区的回归结果。在表 5-4 中，第（1）列为东部地区的子样本回归结果，转移支付明显抑制了该地区基本公共服务水平的提升，而政府支出偏好对地方公共服务水平具有明显的促进作用，两者的交乘项未能通过显著性检验。我们分析后发现，东部地区的市县公共服务水平本身已经较高，要提升当地公共服务水平，需要投入大量的资金，显然，相对于其建设所需的资金而言，获得的少量转移支付资金并不能有效提升东部地区市县的基本公共服务水平，其结果表现为对当地公共服务水平的抑制作用。对中部地区而言，转移支付明显抑制了该地区基本公共服务水平的提升，而政府支出偏好作用促进了县级基本公共服务水平的提升，两者的交乘项为负且仍未能通过显著性检验。对西部地区而言，转移支付显著抑制了基本公共服务水平的提升，政府支出偏好的系数为正且在1%的水平上显著，交乘项系数为正且没有通过显著性检验。这说明，西部地区政府支出偏好的存在削弱了转移支付对基本公共服务水平提升的抑制作用。当政府支出偏好值较小时，转移支付对基本公共服务水平的负向作用占主导地位，此时两者对当地公共服务水平的作用为负；当政府支出偏好值较大时，政府支出偏好的正作用占主导地位，此时转移支付和政府支出偏好对基本公共服务水平的共同作用为正。随着政府支出偏好值的增大，转移支付和政府支出偏好对基本公共服务水平的促进作用越来越大。

表5-4 转移支付、政府支出偏好和基本公共服务指数：东、中、西部地区回归结果

	（1） 东部	（2） 中部	（3） 西部
tr	-0.427*** (0.0736)	-0.132*** (0.0201)	-0.102*** (0.0194)
ph	969.199*** (118.3177)	938.473*** (55.7594)	913.596*** (163.2632)
tr×ph	0.369 (0.2920)	-0.024 (0.0670)	0.095 (0.0821)
pgdp	0.017*** (0.0022)	-0.001 (0.0012)	-0.000 (0.0018)
urbanization	-1.808** (0.7656)	-0.658* (0.3671)	0.159 (0.2754)
density	0.072 (0.0544)	0.258*** (0.0349)	0.179* (0.0921)
agratio	-358.307*** (66.5672)	22.976 (35.7610)	-31.725 (38.6585)
seratio	-199.235*** (52.3897)	-31.948 (32.9056)	96.446*** (34.6552)
fispop	-3，341.247** (1，512.3293)	-296.341 (347.0429)	-230.662 (334.7170)
常数项	390.585*** (90.2337)	76.478** (35.8787)	-65.776 (54.3347)
年份固定效应	Yes	Yes	Yes
观察值	4175	5393	5534
组内 R^2	0.851	0.851	0.851

注：*、**、***分别表示在10%、5%、1%的水平上显著；括号内为标准误。

5.2.4　省直管县、贫困县的支出激励效应分析

1982 年开始实施的市管县行政管理体制尽管起到了推动地区经济增长、加快地区城镇化进程、促进区域市场统一的作用（孙学玉，2004），但随着社会经济的发展和政府职能的转变，“中央、省、地市、县、乡镇”五级政府治理体系下的市管县体制导致行政效率低下、市县事权财权不匹配、县乡财政困难及县域经济发展严重滞后等弊端日益凸显。浙江省早在 1982 年就开始实施省直管县体制，2004 年开始，河南、江西、吉林、江苏等全国大部分省份开始进行省直管县体制改革。财政部在 2009 年 7 月印发了《关于推进省直接管理县财政体制改革的意见》，明确指出要在 2012 年底前力争除少数民族自治地区之外，在全国范围内全面实施省直管县财政体制改革。改革的主要内容就是重新理顺市县之间的财政关系，在财政收支范围划分、转移支付、年终预算决算等方面实现县级政府与省级政府之间的直接联系，取消市县之间的日常资金往来（郑新业 等，2011）。在市管县体制下，市级政府凭借行政优势截留了大量中央和省级政府下拨给县级政府的转移支付。省直管县改革后，这些被截留的转移支付直接由中央和省级政府划拨给县级政府，减少了市对县的盘剥。为了进一步考察转移支付在政府支出偏好作用下对基本公共服务水平提升的影响在省直管县与非省直管县之间的差别，我们依照省直管县财政体制改革的划分进行了分组回归。

表 5-5 列示了控制各县市的人均 GDP 水平、城镇化水平、人口密度、第一产业占比、第二产业占比、财政供养人口占比等变量后省直管县和非省直管县的回归结果。在表 5-5 中，第（1）列与第（2）列分别为省直管县与非省直管县组别下转移支付对基本公共服务总指数影响的回归结果。

观察表 5-5 可以发现，与非省直管县相比，省直管县组别的转移支付对基本公共服务水平的抑制作用更大。对省直管县的转移支付而言，政府支出偏好的存在削弱了转移支付对基本公共服务水平的负向作用。当县级政府支出偏好较小时，转移支付对基本公共服务的负向作用占主导地位，

表 5-5 转移支付、政府支出偏好和基本公共服务指数（省直管县和省非直管县的回归结果）

	(1) 基本公共服务总指数	(2) 基本公共服务总指数	(3) 义务教育指数	(4) 义务教育指数	(5) 社会保障指数	(6) 社会保障指数	(7) 医疗卫生指数	(8) 医疗卫生指数
tr	-0.013*** (0.0021)	-0.004*** (0.0010)	-0.006*** (0.0020)	0.001 (0.0011)	-0.014*** (0.0023)	-0.006*** (0.0013)	-0.016*** (0.0025)	-0.002 (0.0016)
ph	152.364 (132.2551)	311.951*** (44.7706)	862.773*** (127.5739)	859.702*** (50.7796)	91.808 (152.1803)	416.501*** (60.6108)	-41.894 (209.0422)	-228.530*** (74.9364)
tr×ph	0.042*** (0.0042)	0.032*** (0.0021)	0.015*** (0.0045)	0.015*** (0.0028)	0.044*** (0.0050)	0.037*** (0.0043)	0.047*** (0.0062)	0.030*** (0.0039)
控制变量	Yes	Yes	Yes	Yes	Yes	Yes	Yes	Yes
常数项	157.723** (79.3031)	113.672*** (42.5426)	57.441 (89.0946)	415.405*** (94.0266)	330.653*** (82.3543)	20.520 (36.5807)	-113.764 (118.4622)	290.153*** (59.1987)
观察值	3771	11331	3771	11331	3771	11331	3771	11331
组内 R^2	0.824	0.869	0.529	0.506	0.697	0.757	0.803	0.826

注：*、**、***分别表示在10%、5%、1%的水平上显著；括号内为标准；奇数列为省直管县的估计结果，偶数列为非省直管县的估计结果。

表现为抑制当地基本公共服务水平的提升；当县级政府支出偏好较大时，政府支出偏好占据主导地位，此时政府偏好能促进公共服务水平的提升。从理论上讲，进行省直管县财政体制改革的县市由于简化了财政层级，所获得的转移支付规模应该大于未进行省直管县财政体制改革的县市。但改革后获取了更多转移支付的县市，会改变其原有激励，变得更加依赖转移支付。因此，获得更多的转移支付意味着地方政府缺少发展当地经济、促进财政收入增长以及提供更高水平基本公共服务的动力，表现为抑制基本公共服务水平的提升。随着县级政府支出偏好的增加，转移支付将更多地被用于非生产性领域，以提高民生水平。在表 5-5 中，第（3）、（5）、（7）列分别是省直管县在义务教育、社会保障和医疗卫生等方面的回归结果。与非省直管县相比，省直管县组别的转移支付对基本公共服务各分项指数的抑制作用更大。对省直管县的转移支付而言，政府支出偏好削弱了转移支付对义务教育、社会保障和医疗卫生服务水平的负向作用，其各自对应的政府支出偏好均大于非省直管县的政府支出偏好。

国家级贫困县一直以来都是转移支付资金支持的重点。表 5-6 列示了控制各县市的人均 GDP 水平、城镇化水平、人口密度、第一产业占比、第二产业占比、财政供养人口占比等变量后贫困县和非贫困县的回归结果。

观察表 5-6 可以发现，与非贫困县相比，贫困县的转移支付对基本公共服务水平的抑制作用更小。我们认为，贫困县基本公共服务水平较低，且转移支付形式多为专项转移支付。与非贫困县相比，贫困县的转移支付对基本公共服务的建设与基本公共服务水平的提高更具有针对性，所以转移支付在贫困县所发挥的作用要大于非贫困县。但对贫困县而言，政府支出偏好同样削弱了转移支付对基本公共服务水平的负向作用。当县级政府支出偏好较小时，转移支付对基本公共服务的负向作用占主导地位，表现为抑制当地公共服务水平的提升；当地方政府支出偏好较大时，政府支出偏好占主导地位，此时政府偏好能促进公共服务水平的提升。

表 5-6 转移支付、政府支出偏好和基本公共服务指数（贫困县和非贫困县的回归结果）

	(1) 贫困县	(2) 非贫困县
tr	−0.008*** (0.0026)	−0.011*** (0.0019)
ph	138.135* (70.9467)	144.688** (68.3147)
tr×*ph*	0.041*** (0.0056)	0.041*** (0.0034)
控制变量	Yes	Yes
常数项	258.460*** (54.3587)	204.138*** (55.9832)
观察值	3858	11244
组内 R^2	0.887	0.835

注：*、**、***分别表示在10%、5%、1%的水平上显著；括号内为标准误。

5.2.5 转移支付对基本公共服务均等化影响的门槛效应分析

为了进一步验证转移支付对基本公共服务水平的提升是否具有门槛效应，我们对转移支付的门槛效应进行了检验。在估计模型之前，先对面板门槛模型的形式进行了检验，门槛临界值检验见表5-7，门槛值及其置信区间见表5-8和图5-1。为了探究转移支付对基本公共服务水平的影响是否存在多重门槛，我们同时进行了单一门槛、双重门槛和三重门槛的检验。此外，我们还考察了转移支付对义务教育、社会保障和医疗卫生等基本公共服务影响的门槛效应。由表5-7和表5-8可知，转移支付对基本公共服务总指数存在双重门槛效应，对义务教育指数、社会保障指数和医疗卫生指数也存在双重门槛效应。为了使门槛检验的估计结果更为稳健，以上门槛检验均进行了300次自抽样。

表 5-7　门槛临界值检验

	模型	*F* 值	*P* 值	1%	5%	10%
基本公共服务总指数	单一门槛	2058.640***	0.000	300	1154.393	1005.844
	双重门槛	977.199***	0.000	300	-588.230	-653.250
	三重门槛	0.000**	0.047	300	0.000	0.000
义务教育指数	单一门槛	968.969***	0.000	300	498.639	359.011
	双重门槛	77.135***	0.000	300	-320.529	-371.031
	三重门槛	0.000**	0.033	300	0.000	0.000
社会保障指数	单一门槛	1155.568***	0.000	300	740.095	611.049
	双重门槛	569.979***	0.000	300	-828.144	-896.285
	三重门槛	0.000**	0.047	300	0.000	0.000
医疗卫生指数	单一门槛	1842.230***	0.000	300	1055.394	952.099
	双重门槛	1068.601***	0.000	300	-493.084	-565.256
	三重门槛	0.000**	0.017	300	0.000	0.000

注：以上均为自抽样 300 次的结果。*、*、***分别表示在 10%、5%、1%的水平上显著。

表 5-8　门槛值及其置信区间

被解释变量	门槛模型	门槛值	置信区间
基本公共服务总指数	单一门槛模型	282.053	[263.689, 301.048]
	双重门槛模型	1655.500	[1655.500, 1743.600]
		240.267	[223.880, 244.750]
	三重门槛模型	377.911	[375.310, 391.958]
义务教育指数	单一门槛模型	199.807	[198.360, 258.862]
	双重门槛模型	366.802	[-191.111, 415.272]
		150.526	[150.526, 165.945]
	三重门槛模型	176.467	[93.208, 302.101]
社会保障指数	单一门槛模型	319.724	[305.444, 321.368]
	双重门槛模型	1883.667	[1743.600, 1996.364]
		184.008	[178.035, 266.924]
	三重门槛模型	375.310	[359.168, 377.911]

续表

被解释变量	门槛模型	门槛值	置信区间
医疗卫生指数	单一门槛模型	282.053	[249.697, 282.053]
	双重门槛模型	1698.667	[1655.500, 1698.667]
		240.267	[240.267, 243.420]
	三重门槛模型	360.684	[360.684, 375.310]

注：以上均为自抽样 300 次的结果。

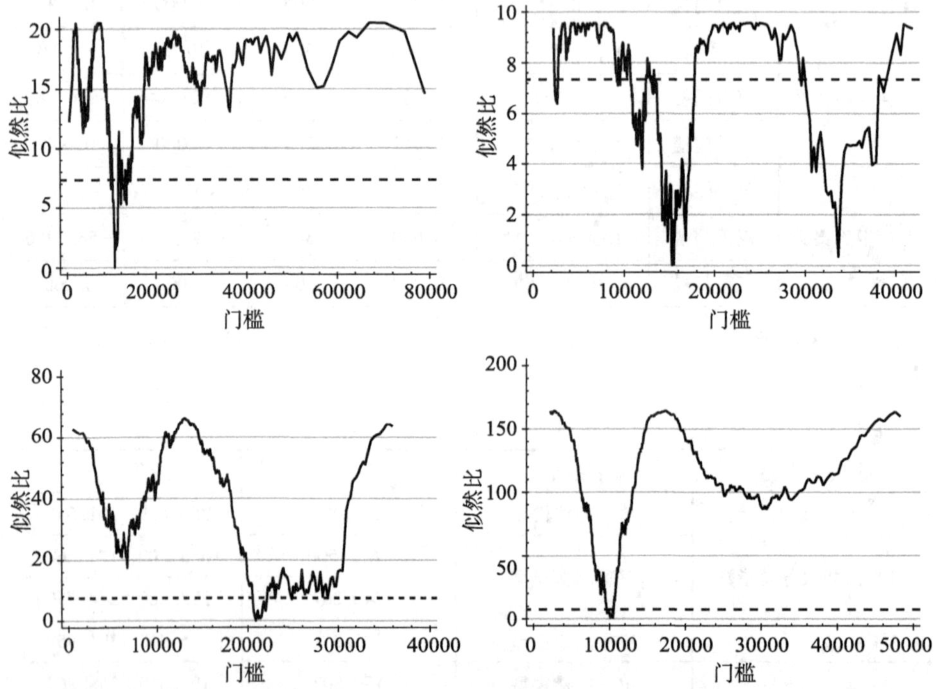

图 5-1 门槛值及其置信区间

表 5-9 是根据表 5-8 估计出的门槛值进行的门槛估计结果。其中，第（1）列为基本公共服务总指数的门槛估计结果。从第（1）列我们可以发现，当转移支付小于门槛值 240.267 时，转移支付对基本公共服务水平的作用为负；当转移支付大于门槛值 240.267 时，转移支付对基本公共服务水平具有促进作用；当转移支付大于 1655.500 时，转移支付对基本公共服务水平的促进作用减弱，其估计系数从 0.249 下降至 0.060。我们认为，

地方政府在获得较少的转移支付后，即使将其都用于基本公共服务领域，对基本公共服务水平的提升作用也较为有限。在地方政府普遍以支出最大化为目标的中国式财政分权体制和以GDP为目标的官员考核体系下，地方政府更倾向于将转移支付资金投入生产性领域。在给定激励的情况下，较少的转移支付资金可能更会促使地方政府将其中的大部分财政资金投入到生产性领域而非公共服务领域，从而表现为较少的转移支付资金会抑制地方基本公共服务水平的提升。当地方基层政府在既定激励下将从中央获得的转移支付资金更多地用于生产性领域时，这些转移支付资金往往就会促进当地的投资。一个地区投资数量增加，往往也伴随着投资质量的增加，最终如果能够形成有效投资，将极大地提高当地的经济发展水平，有利于该地区财政收入的增加和公共服务水平的提升。因此，当地方政府获得的转移支付资金较多时，地方政府投入公共服务领域的转移支付资金占总的转移支付资金的比例会相应提高，地方政府获得的转移支付资金越多，其投入基本公共服务领域的资金也会呈指数式增长，其结果是投入基本公共服务领域的转移支付资金越来越多，从而促进当地基本公共服务水平的提升。当地基本公共服务水平提升后，用于义务教育、社会保障和医疗卫生等方面的转移支付资金最终将提升当地居民的人力资本水平，有利于促进当地的经济发展。当一个地区的经济发展有了起色以后，其财政收入和公共服务水平都将有所改善，反而可以降低这些地区对中央转移支付的依赖，最终通过该地区自身发展实现基本公共服务均等化。

在表5-9中，第（2）~（4）列分别是公共服务指数的各分项——义务教育指数、社会保障指数和医疗卫生指数的门槛回归结果。在控制了年份固定效应后，我们发现：在转移支付小于第一个门槛值的情况下，转移支付对地方各分项基本公共服务水平的作用均为负；当转移支付达到一定程度后，转移支付对地方基本公共服务水平具有促进作用。对义务教育指数而言，当转移支付小于门槛值150.526时，转移支付对县级义务教育水平的作用为负；当转移支付大于门槛值150.526时，转移支付对县级义务教育水平仍存在抑制作用；只有当转移支付大于 366.802 时，转移支付对县级义务教育水平才具有促进作用，但值得注意的是，此时估计系数尽管在统计意义上显著，但是仅为 0.009，其经济意义并不显著，这说明中央转移支付并没有很好地促进县级义务教育服务的发展。其原因可能在于县级政府在生产性领域投入的资金额较大，忽视了义务教育的投入，较少的义务教育投入对当地义务教育水平的提升作用十分有限，也不利于长期人力资本的积累。表 5-9 第（3）列表明：当转移支付小于门槛值 184.008 时，转移支付对县级社会保障水平的作用为负；当转移支付大于门槛值 184.008 时，转移支付对县级社会保障水平具有促进作用；当转移支付大于 1883.667 时，转移支付对县级社会保障水平的促进作用会减弱，其估计系数会从 0.190 下降至 0.043。对县级社会保障水平而言，转移支付同当地的经济发展水平与财政自给程度密切相关。我们可以看到，人均 GDP 水平对当地的社会保障指数具有显著的促进作用，因为经济发展水平往往同县级政府的财政收入具有正相关关系，更多的财政收入意味着政府有更多的财力用于提高当地居民的社会保障水平。在我国，相较于其他基本公共服务分项指标，社会保障的差距往往较为平稳，因为各县级政府都会投入较多财力维持这一水平或是尽力缩小人均社会保障差距。但是，当转移支付大于 1883.667 时，对县级社会保障水平的促进作用会减弱。表 5-9 第（4）列表明：当转移支付小于门槛值 240.267 时，转移支付对县级医疗卫生水平的作用为负；当转移支付大于门槛值 240.267 时，转移支付对县级医疗卫生水平具有促进作用；当转移支付大于 1698.667 时，转移支付对县级医疗卫生水平的促进作用减弱，其估计系数从 0.445 下降至 0.109。对县级医疗卫生服务而言，中央政府比较关注均等化与公平问题，县级政府对发展当地非生产性领域的资金进行配置时会优先考虑促进公共医疗服务的投入与发展。所以，在转移支付大于门槛值 240.267 时，转移支付对县级医疗卫生水平具有显著的促进作用。医疗卫生发展也存在规模效应，与当地的人口密度有着直接关系。人口密度越大，当地政府投入财政资金发展医疗服务所需的人均实际成本越低，这些医疗卫生项目的建设也越划算。但是，人口密度给当地医疗服务也带来了另一个问题，即人口越多，对医疗服务的需求也越大，也就需要政府提供越多的财政资金用于医疗卫生服务的建设，将对当地政府提高医疗卫生水平产生抑制作用。所以，当转移支付大于 1698. 667 时，转移支付对县级医疗卫生水平的促进作用将会减弱。

表 5-9　门槛回归结果

变量	(1) 基本公共服务指数	(2) 义务教育指数	(3) 社会保障指数	(4) 医疗卫生指数
pgdp	-0. 001* (-1. 66)	-0. 011*** (-9. 20)	0. 010*** (-12. 39)	-0. 008*** (-6. 54)
urbanization	4. 646*** (-28. 6)	0. 225	2. 664***	9. 872*** (-35. 05)
density	-0. 000*** (-8. 08)	0. 000 (-0. 45)	-0. 000*** (-2. 58)	-0. 000*** (-11. 39)
agratio	-401. 4*** (-19. 07)	-241. 5*** (-8. 30)	-216. 8*** (-10. 92)	-804. 8*** (-22. 16)
seratio	-128. 1*** (-4. 94)	-98. 22*** (-2. 78)	-79. 41***	-350. 2*** (-7. 77)
fispop	-0. 073*** (-15. 87)	-0. 023*** (-3. 55)	-0. 057*** (-13. 05)	-0. 125*** (-15. 35)
ph	2016. 3*** (-66. 09)	2033. 0*** (-49. 03)	2199. 5*** (-77. 65)	1623. 0*** (-30. 72)
*tr*_ 1	-0. 558*** (-20. 73)	-0. 646*** (-12. 48)	-0. 530*** (-17. 34)	-0. 990*** (-21. 30)
*tr*_ 2	0. 249*** (-36. 72)	-0. 156*** (-6. 68)	0. 190*** (-32. 51)	0. 445*** (-38. 23)
*tr*_ 3	0. 060*** (-25. 19)	0. 009*** (-2. 87)	0. 043*** (-13. 72)	0. 109*** (-26. 02)
常数项	-26. 02 (-1. 62)	605. 3*** (-27. 05)	-361. 5***	320. 2*** (-11. 49)
组内 R^2	0. 503	0. 197	0. 454	0. 451
观察值	14094	14094	14094	14094

注：*、**、***分别表示在 10%、5%、1%的水平上显著；括号内为标准误。

第6章 结论与政策建议

Chapter Six

6.1 结论

6.1.1 我国县级基本公共服务均等化水平整体偏低

本书首先对基本公共服务均等化的内涵进行了明确界定，为后续研究奠定理论基础。其次，从基本公共服务“投入”和“产出”维度，构建了一个包含义务教育、医疗卫生和社会保障等的基本公共服务综合评价指标体系，使用熵权值法确定各分项指标权重，并加总合成基本公共服务指数。最后，运用基尼系数方法对县级基本公共服务总体和三个分项项目均等化程度做出评价，从而为整个研究打下坚实的基础。数据分析结果表明：

（1）2000—2007年，我国各县基本公共服务均等化水平整体偏低，反映均等化程度的基尼系数经历了先下降，后上升，再缓慢下降的过程，这说明我国基本公共服务县级差距总体虽呈现上升趋势，但部分年份仍有下降。县级基本公共服务均等化程度变化可以分为三个阶段：第一个阶段是2000—2002年，均等化指数从0.23下降到0.16；第二个阶段是2002—2004年，均等化指数从0.16上升到0.28；第三个阶段是2004—2007年，均等化指数从0.28下降到0.16。其中，最后一个阶段反映均等化程度的基尼系数显著下降，即基本公共服务均等化程度显著提高，表明我国基本公共服务的县域差距逐步缩小。

（2）就分项指标非均等化波动和趋势来看，我国县域义务教育基本公共服务的均等化程度最高，在 2000—2007 年，基尼系数基本稳定在 0. 11 和 0. 17 之间。社会保障基本公共服务的均等化程度次之，但其基尼系数呈现缓慢下降趋势，2000 年社会保障均等化指数的基尼系数是 0. 32，2007 年下降到 0. 18，这表明均等化程度上升，即各县域社会保障差距总体呈现缩小趋势。医疗卫生基本公共服务的均等化程度最低，长期处于 0. 3 左右，甚至在 2005 年达到了 0. 4，但在 2005 年以后，医疗卫生基本公共服务差距总体呈现缩小趋势。

（3）从东、中、西部地区的情况来看，我国基本公共服务均等化程度从东部到中西部逐步降低，且三者之间的差距在 2007 年比 2000 年有显著改善。东、中、西部地区的基尼系数在 2005 年以后均存在明显下降趋势，这说明三个地区的均等化均有不同程度的提高。从分项指标的区域非均等化波动和趋势来看，义务教育的基尼系数主要在 0. 2 以下，说明义务教育非均等化问题总体上取得了较大的改善。2003 年以前，西部地区义务教育的基尼系数总体上是大于东部地区和中部地区的，2003 年以后，西部地区的该系数出现大幅度的下降，低于中部地区和东部地区，尤其是 2005 年以后，西部地区的该系数显著上升，这说明西部地区义务教育不均等化程度加强。从医疗卫生均等化指数来看，医疗卫生的基尼系数主要在 0. 1 和 0. 5 之间，总体上西部地区的该系数>东部地区的>中部地区的，且各地区的变化趋势基本一致。2003 年以后，各地区医疗指数均缓慢下降，其中东部地区与中部地区的该系数在 2005 年以后出现了明显下降，而西部地区的该系数并未出现明显下降趋势。特别地，西部地区 2007 年的医疗卫生基尼系数大于 2000 年的，说明西部地区医疗卫生非均等化程度逐步上升，因此医疗非均等化问题的重点可能在于西部地区。从社会保障均等化指数来看，基尼系数主要在 0. 1 和 0. 4 之间，总体上，西部地区的该系数>东部地区的>中部地区的，且各地区的变化趋势基本一致。2003 年以后，各地区社会保障均等化指数均缓慢下降，2005 年以后进一步出现了明显下降。这说明各地区社会保障均等化程度均逐年上升。值得注意的是，西部地区同东部地区和中部地区在2007年的差距比2000年大，这说明西部地区虽然均等化程度在提高，但整体供给水平仍然不足。

我国地域辽阔，地理位置差异较大，这就决定了不同地区在基本公共服务的提供上存在较大的成本差异，而且东、中、西部地区的财政能力差异很大，县级基本公共服务均等化总体上讲也必然会处于较低水平。加快建立覆盖城乡、地区的均等化基本公共服务体系，是解决新时代发展不平衡、不充分的内在要求。如何努力推进基本公共服务体系建设，实现公共资源在地区之间、城乡之间的合理分配和使用，已经成为未来我国经济社会发展的重要任务。完善转移支付制度以实现基本公共服务均等化直接关系到我国高水平和高质量区域协调发展。

6.1.2 转移支付制度设计存在激励不相容问题

我们在简要分析转移支付内涵和功能的基础上，结合分税制改革以来我国财政体制和行政管理体制的历史考察，分析我国转移支付制度变迁和县级转移支付项目安排的激励约束机制，总结了我国转移支付的总量特征和结构特征。研究发现：

（1）我国的转移支付制度大致经历了“传统计划体制下的转移支付制度”“财政包干体制下的转移支付制度”“分税制下的转移支付制度”三个阶段，转移支付的目标也从简单的平衡各地区财力，逐步发展为努力实现基本公共服务均等化。1994—2000年，转移支付总量较小，增长速度也较为缓慢，之后三年，增长速度有了小幅度的提升，所得税改革实施后，显著提升了转移支付的增长速度，转移支付的规模也在不断扩大。随着规模上的不断增加，转移支付在结构上也发生了变化。2005年以后，一般性转移支付增长速度加快，规模逐渐反超专项转移支付。截至2020年，一般性转移支付占比已达到89.9%。为了反映县级政府转移支付的变化情况，我们利用《全国地市县财政统计资料》，分别计算了税收返还、一般性转移支付在县级总财力中的比重。我们发现，为平衡地区间的财力差距，中央不断提高对地方的一般性转移支付，一般性转移支付比重逐年攀升。专项转移支付维持在 15%左右，变动幅度较小。税收返还由于是分税制的遗留产物，在 1998—2007 年的比重不断下降。实际上，税收返还反映各省、各县市、各地区的既得利益，虽然在 2002 年其比重略有上升，但这是由 2002 年所得税收入分享改革所致，从长期来看，税收返还在地方政府财力构成中的占比将逐步递减。

（2）尽管与中央对省的转移支付制度不同，省对省以下的转移支付制度差异比较大，但从各省（自治区、直辖市）的情况来看，县级转移支付秉承了中央对省级转移支付的分配办法，在实施一般性转移支付分配方案的文件中对转移支付的内容进行了明确规定。一般性转移支付采用客观因素测算核定县级标准财力、标准支出，采用公式化的分配方法确定转移支付数额，力求客观、公正、公平、公开。专项转移支付包括专项补助收入和增发国债补助收入，采用因素法、项目法和因素与项目法相结合的方法进行资金分配。为了更好地激励县级政府发挥主动性，各省也积极采取“三奖一补”政策、奖励政策、与收入增长挂钩的办法等激励约束机制，以缩小地区间的财力差距，实现基本公共服务均等化。

然后，分析中国式财政分权体制下地方政府行为的异化现象：在中国式分权体制下，中央对地方政府的垂直控制，特别是以 GDP 增长作为考核指标的绩效考核制度，决定了地方政府必然要对上级政府负责，高度重视 GDP 水平。在这样一种考核制度下，地方政府官员也展开了激烈的晋升竞争，从而在一定程度上克制了个人消费，推动了地方经济的不断增长。我们也应该看到，正是由于过分重视 GDP 增长，而相对忽视了民生性公共产品供给，才造成了财政支出结构的扭曲和公共产品供给的不足。在此基础上，我们发现了中国财政转移支付激励地方政府提供基本公共服务的理论逻辑：中央政府试图通过加大转移支付力度，弥补地方财政能力不足，引导和激励地方政府提升对公共服务的投入行为，实现地区间基本公共服务的均等化。但是，在中国式分权背景下，由于地方政府掌握着更全面的信息且具有机会主义倾向，并不能保证政府的合意性，上级政府的财政转移支付资金未必都能实现预期的均等化目标，即存在“激励相容”问题。地方政府不仅希望实现财政收入最大化，也希望通过支出最大化实现官员晋升的目的。在财政能力和官员晋升的双重压力下，地方政府的支出偏向更容易转向生产性领域，这是因为：①生产性领域能够创造更多的税源；②生产性领域更容易创造政绩。中央和地方目标的不一致，导致政府层级间的激励不相容。中央通过转移支付实现公共服务均等化的政策初衷，完全可能因为地方政府支出偏好的扭曲而失效，尤其是财政压力较大的落后地区，更容易陷入“破罐子破摔”的困局。专项转移支付虽然能够更有效地保证中央目标的实现，有利于公共服务供给，但它主要采用自上而下的项目制申报方式。地方政府具有信息优势，在项目申报事前、事中和事后存在信息不透明的问题，往往会夸大项目信息，造成公共服务供给资金使用的低效率。

进一步地，我们分析了如何设计有效的激励相容型转移支付制度，以使县级政府最大限度地按照中央政府的意图提供公共服务。研究发现，转移支付系数 σ 和配套比例 n 会受到中央对经济增长和公共服务的重视程度（β_1、β_2）、地方政府发展经济和提供公共服务的成本（c_1、c_2、δ）、风险规避系数（η）、产出方差（δ_1^2、δ_2^2）等因素的影响。经济增长任务的高强度激励会使地方政府努力从公共服务目标任务中转移过来，导致公共服务任务不能被准确度量，整体激励的效果下降。当不考虑其他客观因素时，为了实现基本公共服务均等化的目标，首先，我们对以 GDP 作为考核目标的绩效考核制度进行改革，建立了合理而有效的评价体制。中央政府可以把社会、文化、教育、卫生、环境等有利于民生和可持续发展的目标引入地方官员的政绩考核体系，加大对落后地区转移支付的力度，在激励县级政府增加财政收入的基础上，通过转移支付实现财力均等化。这既可以实现中央政府对文化、教育、卫生、环境等具体公共服务目标和均等化目标的政策意图，又可以发挥地方政府的信息优势，使其能够根据区域特点自行配置财政资源。其次，由于地方政府发展经济和提供公共服务的成本（c_1、c_2、δ）、地方政府的风险规避系数（η）、产出方差（δ_1^2、δ_2^2）都会影响转移支付的激励效应向基本公共服务均等化水平提高的有效转化，因此如何有效激励县级政府把获得的转移支付资金更多地用于基本公共服务领域就成为转移支付契约设计的另一关键内容。这就需要中央政府的转移支付契约综合考虑地方政府偏好进行调整，把中央政府对基本公共服务均等化的重视度和这些客观因素相结合，有效引导地方政府将努力更多地投入到公共服务提供上，从而实现激励相容目标。

要实现基本公共服务均等化，需要在制度设计上解决两个方面的激励问题：①激励县级政府在增加财政收入的基础上通过转移支付实现财力均等化；②激励县级政府把获得的转移支付资金更多地用于基本公共服务领域。

6.1.3　不合理的转移支付总量和结构会影响均等化效应的实现

我们基于全国县（市）级政府数据对转移支付的财力均等化效果进行了分析。首先，计算总量转移支付前后人均财力的基尼系数，用于衡量转移支付前后人均财力分布的不平等状况。其次，采用基尼系数在转移支付前后的变化率，评估转移支付的财力均等化效应。由于转移支付包括税收返还、一般性转移支付和专项转移支付三部分内容，它们在平衡地区财力中的作用不同，需要分别计算它们的财力均等化效应。再次，根据收入来源分解法，把基尼系数按照贡献值、贡献率和相对集中系数进行分解，分析转移支付对财力均等化的贡献度。最后，按照转移支付的规模、相对相关系数和自身的基尼系数对基尼系数进行分解，进一步分析影响财政转移支付均等化效应的因素。研究结论如下：

（1）通过测算我们发现，在县级政府接受转移支付以后，其可支配财力的基尼系数会相应降低，并且全部低于 0.35。基尼系数的变化率从 2000 年的-20.32%扩大到 2007 年的-72.56%，这表明总量转移支付对财力差距起到了促减作用。从税收返还、一般性转移支付、专项转移支付的基尼系数值以及变化率来看，税收返还对本级财政收入基尼系数降低的作用有限；一般性转移支付的作用从 2000 年的-21.26%扩大到 2007 年的-59.72%，这表明其在缩小县级政府的财力差距方面起的作用最为明显。专项转移支付的基尼系数变化率从 2000 年的-11.60%下降到 2007 年的-27.16%，低于一般性转移支付财力均等化的作用。

（2）从贡献值、贡献率和相对集中系数三个指标来分析转移支付对财力均等化的贡献度可以发现，本级财政收入与总量转移支付拉大了财力差距，但是总量转移支付的扩增作用在减弱，这也说明全国县级财力差距主要还是因为本级财政收入差距过大。因此，仅通过财政转移支付扭转财力不平等并不能达到很理想的效果，加强财力初次分配的均衡性是缓解地区财力不平等的关键内容。在分项转移支付中，专项转移支付贡献度最高，一般性转移支付贡献度次之。随着时间的推移，税收返还的贡献率在不断下降。

（3）按照转移支付的规模、相对相关系数和自身的基尼系数做进一步的基尼系数分解可以发现，从总体上看，中央在不断加大对县级政府的转移支付规模，转移支付自身的基尼系数也在不断减小，但相对相关系数大于 0。这说明转移支付没有很好地平衡县级政府间的财力，但是随着转移支付中一般性转移支付比重的不断增加，转移支付的财力非均等化程度在逐渐减弱。税收返还没有很好地平衡县级政府间的财力，但是随着转移支付中税收返还比重的不断降低，转移支付的财力非均等化程度在逐渐减弱。尽管一般性转移支付按照因素法进行分配，不规定县级政府的具体用途，具有较强的均等化效应，自身的基尼系数也很小，但一般性转移支付占比提高较为缓慢，这严重影响了一般性转移支付在均衡地区财力中的作用发挥。由于专项转移支付规模过大，相对相关系数大于 0，且呈现小幅攀升的趋势，尽管自身的基尼系数在不断下降，专项转移支付仍然拉大了县级政府间的财力差距。

总体而言，全国县级财力差距主要还是来自本级财政收入差距过大。尽管转移支付对财力差距起到了促减作用，但均等化效应较强的一般性转移支付比重较小，专项转移支付规模过大，这严重影响了一般性转移支付在均衡地区财力差距中的作用发挥。税收返还的分配方式是扩大地区间财力差距的重要因素，虽然其规模有所减小，但是其财力非均等化的作用仍然很大。因此，仅通过财政转移支付扭转财力不平等，并不能达到理想的效果，应在加强财力初次分配均衡性的基础上，逐步提高一般性转移支付的比重，压缩专项转移支付项目的数量，取消税收返还，这样才能逐步缩小地区间的财力差距，为实现基本公共服务均等化打下坚实的基础。

6.1.4　我国县级政府公共服务支出偏好会影响转移支付的激励效应

我们基于全国县（市）级政府数据进一步研究了在政府支出偏好作用下转移支付对基本公共服务均等化的激励效应。深入厘清这一问题，不仅具有理论意义，对于完善我国地方财政治理、推动基本公共服务均等化至关重要。研究结论如下：

（1）转移支付规模增加会显著降低政府自身积极性，削弱其对公共服务建设的努力，但政府公共服务支出偏好的存在削弱了转移支付对公共服务水平的负向作用。随着政府公共服务支出偏好的增强，转移支付对公共服务的促进作用将占主导地位，表现为抑制当地公共服务的水平提升。但当政府公共服务支出偏好较小时，转移支付最终不利于当地公共服务水平的提升。地方政府公共服务支出偏好的增强可以强化地方政府的激励，有利于公共服务水平的提高，因而可以有效利用转移支付提高当地公共服务水平，以促进基本公共服务均等化。

（2）从分项指标来看，一般性转移支付的系数为负，但政府支出偏好对基本公共服务的分项指标义务教育、社会保障和医疗卫生等均具有显著的促进作用。专项转移支付对义务教育指标和医疗卫生指标具有抑制作用，对社会保障指标具有促进作用。

（3）从分地区指标来看，东部地区转移支付明显抑制了该地区基本公共服务水平的提升，而政府支出偏好对地方基本公共服务水平具有明显的促进作用，两者的交乘项未能通过显著性检验。经过分析发现，东部地区市县的基本公共服务水平本身已经较高，如果要提升当地基本公共服务水平，需要投入大量的资金。显然，获得的少量转移支付资金相对于其建设真正所需的资金而言，并不能有效提升东部市县的基本公共服务水平，其结果表现为对当地基本公共服务水平的抑制作用。对中部地区而言，转移支付明显抑制了该地区基本公共服务水平的提升，而政府的支出偏好促进了县级基本公共服务水平的提升，两者的交乘项为负且仍未能通过显著性检验。对西部地区而言，转移支付显著抑制了基本公共服务水平的提升，政府支出偏好的系数显著为正，交乘项系数为正且没有通过显著性检验。这说明，西部地区政府支出偏好的存在削弱了转移支付对基本公共服务水平提升的抑制作用。随着政府支出偏好值的增大，转移支付和政府支出偏好对基本公共服务水平的促进作用越来越强。

（4）通过区分省直管县和贫困县，进一步考察了转移支付对基本公共服务均等化的激励效应。研究发现，省直管县比非省直管县所接收的转移支付对公共服务水平的抑制作用大。对省直管县的转移支付而言，政府支出偏好的存在削弱了转移支付对公共服务水平的负向作用。转移支付在贫困县所发挥的作用要大于非贫困县。但对贫困县的转移支付而言，政府支出偏好的存在同样削弱了转移支付对公共服务水平的负向作用。

（5）为了进一步验证转移支付对县级基本公共服务水平的影响是否具有门槛效应，我们对转移支付的门槛效应进行了检验。研究发现，当转移支付小于门槛值 240.267 时，转移支付对地方公共服务水平的作用为负；当转移支付大于门槛值 240.267 时，转移支付对地方公共服务水平具有促进作用；当转移支付大于 1655.5 时，转移支付对地方公共服务水平的促进作用减弱，其估计系数从 0.249 下降至 0.060。我们认为，地方政府在获得较少的转移支付后，即使将其都用于公共服务领域，对地方公共服务水平的提升也较为有限。在地方政府普遍以支出最大化为目标的中国式财政分权体制和以 GDP 增长为目标的官员考核体系下，地方政府更倾向于将转移支付资金投入生产性领域。在这样的激励下，较少的转移支付资金可能更会促使地方政府将其中的大部分投入生产性领域而非公共服务领域，从而表现为较少的转移支付资金会抑制地方公共服务水平的提升。如果地方基层政府能在既定激励下，将从中央获得的转移支付资金更多地用于生产性领域，往往就会促进当地的投资。一个地区投资数量的增加，往往也会带来投资质量的增加，如果能够形成有效投资，将极大地提高当地的经济发展水平，有利于该地区财政收入的增加和公共服务水平的提升。因此，当地方政府获得的转移支付资金较多时，投入公共服务领域的转移支付资金占总的转移支付资金的比例会相应提高，即地方政府获得的转移支付资金越多，其投入当地公共服务领域的资金越会呈指数式增长。最终的结果是，投入公共服务领域的转移支付资金越来越多，当地公共服务水平不断提升。当地公共服务水平提升以后，用于义务教育、社会保障和公共医疗等方面的转移支付资金将有助于提升当地居民的人力资本水平，促进当地的经济发展。一个地区的经济发展有了起色以后，其财政收入和公共服务水平都将有所改善，反而可以降低该地区对中央转移支付的依赖程度。

上述结论对于新时代完善我国地方财政治理体系、促进基本公共服务均等化具有重要意义。转移支付同基本公共服务水平的关系不仅受县级政府可支配财力影响，更受到政府支出偏好的影响。就本书研究来看，这需要进一步优化转移支付资金拨付规模、明确财政支出责任划分，尤其应加强地方基层政府对民生领域相关的非生产性支出，适当提高对非生产性领域建设的激励，进而激励地方政府行为主体从自身出发，有效规范支出行为，从而促进当地基本公共服务水平的提高。

6.2　政策建议

当前，我国已经进入新时代，地区间发展不平衡、不充分已经严重阻碍了区域经济向更高水平和更高质量迈进。建立区域均衡的转移支付制度，有助于缩小地区间公共服务差距，实现区域协调发展。中央政府也把逐步提高一般性转移支付的比重、压缩专项转移支付项目数量作为基本公共服务均等化的转移支付制度改革的方向。根据以上研究结论我们发现，地方政府的信息优势会产生机会主义倾向，使上级政府的财政转移支付资金未必都能实现预期的均等化目标。我们认为，在调整转移支付结构促进区域基本公共服务均等化时，应通过优化转移支付目标和资金分配方法来强化对地方政府的激励和约束，使转移支付的激励效应能够有效提高基本公共服务均等化水平。同时，基本公共服务均等化的实现是一项长期而复杂的系统工程，经济因素、政治因素、历史文化背景等都会对地区间的基本公共服务差距产生影响，这决定了实现基本公共服务均等化需要多项制度安排协同发生作用，需要建立规范的财政分权体制和实现地方政府治理转型。

6.2.1 优化转移支付目标和资金分配方法

提高一般性转移支付的比重，压缩专项转移支付项目的数量，是促进基本公共服务均等化的转移支付制度改革的方向。2018 年，中央对地方一般性转移支付和专项转移支付预算高达 38994.5 亿元和 23212.5 亿元。但是，转移支付在注重数量增长的同时，更应注重质量的提升。根据 Bird（1998）的说法，转移支付是否构成地方政府的 90%或 10%的收入并不重要，重要的是制度是否适当设计，是否能使地方政府对公民和联邦政府的行动负责。如果转移支付资金没有和地方经济发展后劲形成有效循环，单纯依靠规模增长无论对私人部门还是对公共部门，都可能造成效率损失。从中国当前的县级转移支付制度安排来看，由于采用了基数法、因素法、项目法等分配方式，转移支付的均衡与激励无法并重，严重影响了转移支付的制度效果。因此，应该优化转移支付资金分配方式，建立科学合理的资金分配方式。

6.2.1.1　取消和归并一般目的的财政转移支付

在原有的转移支付项目中，存在较多具有过渡性色彩的转移支付项目，延续了财政包干体制的特征，分配原则和政策目标多以维护地方既得利益为目的，与规范的均等化转移支付要求不一致，这些项目应逐步取消。还有一些转移支付项目是中央政府在一定时期为了实现特定目的而推出的，也与规范的均等化转移支付要求不一致，应予以归并。

（1）取消原体制补助。原体制补助就是以维护地方既得利益为目的设立的转移支付。此类补助规模占比已经很小，对于缩小地区差距的作用十分有限。应当把原体制补助并入一般性转移支付，按照均衡性转移支付要求统筹使用。

（2）逐年降低直至最终取消税收返还。税收返还主要是为了维护地方利益而设计的转移支付方式，包括增值税和消费税返还、出口退税、所得税基数返还。从前文的分析结果可以看出，税收返还的分配方式是扩大地区间财力差距的重要因素，虽然近年来其规模有所减小，但是其财力非均等化作用仍然很大。因此，为了实现地区间的财力均等化，必须逐步取消税收返还。然而，由于取消税收返还会减少部分地区的财力，容易面临巨大改革压力，因此，应采用渐进改革的方式，从增量上逐步缩小税收返还的规模，直至最终取消税收返还。应把税收返还资金逐步用于扩充均衡性转移支付，以缩小地区间的财力差距。

（3）调整一般性转移支付项目。要根据一般性转移支付的特点，调整部分项目。例如，1999 年，中央政府为了应对因亚洲金融危机引起的地方财政困难而设立的调整工资转移支付项目，补助系数根据各地职工人数以及财政困难程度确定，补助数额采用基数方法确定，以 1998 年决算财政供养人数为基础逐年递增。中央政府为了应对农村税费改革给县级政府造成的财政困难，设立了农村税费改革转移支付。该项目也采用基数分配方式，以 2002 年为基期进行核算。这些项目与规范的均等化转移支付要求不一致，也应该逐步纳入均衡性转移支付，采用因素法进行测算。

6.2.1.2 优化一般性转移支付资金分配方式

现行的一般性转移支付按照因素法进行分配，不指定用途，地方政府具有较大的自由度，主要是为了弥补地方财力不平衡，实现地区基本公共服务均等化。其中，均衡性转移支付严格依照公式进行分配，选取了影响地区财政收入和财政支出的客观性因素（人口规模、人口密度、地理区位、少数民族等）核算标准财政支出和财政收入，即某地区均衡性转移支付额=（标准财政支出-标准财政收入）×转移支付系数。因此，其均等化程度最高，具有均等化转移支付的性质，即可以为财政能力不同的地区提供收入，使其征收同等水平的自身税收以提供同等水平的公共服务。① 均衡性转移支付以客观因素为计算依据，有利于县级政府对下一年度的转移支付形成稳定预期。但正如前文所分析的，一般性转移支付资金规模往往与经济发展水平成反比：经济发展水平越高，转移支付系数越小，获得的一般性转移支付资金越少；经济发展越落后，获得的一般性转移支付资金越多。这会对地方政府发展经济造成负向激励，从而在一定程度上削弱其对经济增长的促进作用，进而降低地方政府民生性公共服务能力，使其无法最大限度地实现支出激励向基本公共服务均等化效应的有效转化。为了提升一般性转移支付的运行效率，激励受助地区以形成自有财力为目标，提升地方政府的“造血”能力，实现转移支付和经济增长的良性循环，避免形成对转移支付的过度依赖，产生“养懒汉”的行为，我们把激励机制引入均衡性转移支付的计算公式。因此，应该进一步优化均衡性转移支付的资金分配方式，核算县级政府标准收入和标准支出的差额，加大对贫困地区转移支付的支持力度，提升贫困地区的财力水平，实现地区间财力均等化。同时，为了激励县级政府把获得的转移支付资金更多地用于基本公共服务领域，我们将基本公共服务目标和激励指标纳入转移支付公式，在测算地方“标准收入”中加入“财政努力系数”，对不同财政努力程度的地区分配不同的转移支付资金，激励地方政府形成自有财力。财政努力系

① 谷成．基于财政均等化的政府间转移支付制度设计［J］．财贸经济，2010（6）：40-45.

数测算起来相当有难度，但如果采用宏观指标法进行衡量，会出现地方政府的人为操纵——故意做低财政收入，拉大财政缺口，以获取更多的转移支付。在测算地方“标准支出”时，可加入“公共服务供给努力系数”[①]。公共服务供给努力程度可以用公共服务的居民满意度进行绩效评价。辖区居民对县级政府提供的公共服务满意度越高，县级政府能够得到的转移支付资金越多。这样一种加入激励指标的转移支付公式可以保证一般性转移支付规模在重视区域间公共服务均等化的同时，兼顾公平与效率的双重目标。

6.2.1.3　规范、完善专项转移支付的分配机制

针对专项转移支付资金比重过高、资金分散、使用效率低、申请和审批程序复杂、资金分配不透明等问题，应在逐步降低专项转移支付比重的基础上，完善专项转移支付的分配和管理机制，增强转移支付资金申请、审批和使用信息的透明度，加强地方人大以及财政和审计等部门的监督，避免地方政府在专项转移支付资金分配中的“跑部钱进”和“暗箱操作”等机会主义行为。同时，应进一步清理整合已有的专项转移支付项目，将用于同一方向或领域的专项转移支付项目进行分类，压缩专项转移支付项目的数量，构建专项分类拨款，从而提升资金使用效率，使专项转移支付发挥更大效用。

（1）清理整合专项转移支付项目，降低专项转移支付比重。专项转移支付项目规模过大、比重过高，并且部分专项转移支付项目设置存在交叉重复的问题，资金投向分散。审计署工作报告显示，2001 年中央财政安排的 221 项专项转移支付，涉及 28000 多个项目。[②] 专项转移支付资金量大，意味着中央干预地方的力度大，容易挤占一般性转移支付，影响地方积极性的发挥。专项转移支付资金主要通过自上而下的项目制申报方式获得，

① 肖育才．转移支付与县级基本公共服务均等化研究：以四川省为例［D］．成都：西南财经大学，2014.

② 李万慧．中国财政转移支付制度研究［M］．北京：中国社会科学出版社，2011.

具体金额没有统一的计算公式。地方政府凭借信息优势会夸大项目信息，但中央政府对地方政府的收支情况不了解，要合理有效分配大规模的专项资金，需要处理的信息量较大。专项转移支付资金存在事前申报程序复杂、事中管理混乱和事后监督乏力等问题，这也会造成公共服务供给资金使用的低效率。因此，总的来讲，要降低专项转移支付比重，应该通过内部项目整合提升专项转移支付的制度功能。

（2）配套率要实行差别对待，体现均等化目的。专项转移支付需要地方政府按照比例配套资金，这会给地方政府特别是欠发达地区带来较大负担。对于按照国务院的规定应当由上下级政府共同承担的事项，可以允许县级政府承担一定配套资金，但配套率不应统一，不应以公共服务的重要程度来确定地方政府的配套率。配套率要实行差别对待，体现均等化目的，对发达地区和欠发达地区采用不同的配套率。对发达地区来说，中央政府应降低承担份额，提高地方政府的配套率；对欠发达地区来说，中央政府应承担更高的民生性资金配套率，减轻地方配套压力，直接提高欠发达地区的民生性支出规模。

（3）构建专项分类拨款的运营模式。一方面，分类拨款依据因素法分配转移支付资金，在明确资金使用范围的前提下，放宽拨款的具体使用限制，不规定具体的使用项目，完全由县级政府统筹使用，这就增加了县级政府资金使用的自主权，具有财力补助特点；另一方面，拨款的使用要符合中央政府的政策意图，有明确的使用范围，要有利于基本公共服务均等化目标的实现，因此，也具有专项转移支付的特点。这样既保证了县级政府资金使用的自主权，增强了能动性，又解决了目前专项拨款的不透明以及由此引起的资金分配过程中的种种弊端。贾晓俊（2015）认为，分类拨款是基本公共服务均等化目标实现的最有效方式。

6.2.2 科学划分事权和支出责任，夯实转移支付制度的运行基础

在过去的40年中，从政企分开、明确政府职能到市场经济的逐步确

立，我国经济实现了转型。但在整个体制变革的过程中，中央与地方政府间的支出责任一直缺乏明确的法律界定，宪法和有关法律只对各级政府的事权做了原则性的规定，没有对各级政府的具体支出责任做出明确规定。中央政府更多地把属于自身的支出责任层层下放，尽管也给予了地方政府支配财政资源的权力，甚至默认了地方政府开辟的种种非正规收入来源，但这种支出责任的不明确和过度下放，已经恶化了基层的财政状况，并且由于各地在经济发展水平和财力上存在的较大差异，各地人均公共支出严重分化，教育卫生等公共服务的基本需求在落后地区无法得到满足。Shah（1999）强调，明确的责任分工远比各级政府应承担什么责任重要得多。因此，我国进一步深化经济体制改革迫切需要建立透明、稳定的财政支出制度，这样才能明确中央和地方的公共支出责任，阻止政府以各种形式侵害私营经济利益，在不同地区之间实现公共支出的均等化，消除财政支出上的水平差异。根据《国务院关于推进中央与地方财政事权和支出责任划分改革的指导意见》（国发〔2016〕49 号）对事权的划分，合理确定地方政府间的事权和支出责任，是转移支付制度有效运行的坚实基础，对于完善以转移支付促进基本公共服务均等化所需的制度环境具有重大意义。

划分事权和支出责任的基本思路如下：中央政府供给具有外溢性或全局性的全国性公共品，如国防、外交、公共卫生、义务教育等，中央政府具有完全事权，承担支出责任；在全国范围内需公平提供服务的公共支出责任可以由中央、省全权负责，如义务教育、社会保障与就业、公共卫生、住房保障、交通运输等；地方性和区域性公共品由市县政府供给，但中央政府要提供帮助，形成共同事权，明确各自的支出责任，以及分担比例。崔军和陈宏宇（2018）认为，现有中央与地方支出责任的划分，没有充分考虑流动人口的变动，无法解决人口流动与传统财税体制之间的矛盾。因此，应按照公共服务的受益范围划分中央与地方政府的事权，明确各级政府在农业转移人口市民化支出中的责任。例如：随迁子女义务教育、基本医疗保障等受益范围跨区域的公共服务，无法由某一地方独立提供，应明确为中央事权，由中央承担支出责任；而就业保障、住房保障等受益范围仅在本辖区的公共服务，应明确为地方事权，由地方政府财政自主负担。

6.2.3 改革基本公共服务均等化供给的绩效考评主体

在以 GDP 增长为考核指标的绩效考核制度下，地方政府官员展开了激烈的晋升竞争，竞争的收益必然是地方官员追求的一个重要方面，尽管地方政府官员是由上级政府任命，而非选民投票产生，但作为中央政府在一个地区代理机构的领导者，也要在一定程度上关注本地居民对公共产品的需求和偏好。尽管垂直管理的治理模式能够保证地方的行为目标与中央保持一致，但中央与地方之间是委托人与代理人的关系，这就决定了地方官员仍会在一定程度上与中央的目标不一致，进而关注私人消费。文教、科学、卫生事业费等民生性支出通过提高人力资本，能够促进经济增长，同时对社会公平和社会进步具有显著的促进作用。因此，大力发展民生性公共品服务提供，是地方政府的必要责任。但是，地方政府的领导人是由上级政府任命的，考核地方政府政绩的指标就是 GDP 的增长，我国目前的行政管理体制决定了地方政府领导人任职期限较短，提高财政“资本性支出”的比重、建设具有长期意义的大型项目和公共工程能在较短的时间内实现，而通过提高民生性财政支出的比重促进经济增长，进而获得政绩，却需要相对较长的时间。出于上述原因，各级地方政府不断提高资本性支出的比重，以降低民生财政方面支出的比重，从而形成“重基本建设，轻公共支出”的局面。这种机制在前期取得了一定的效果，但也逐渐产生了一系列的负面效应。我国目前的这种地方官员的晋升及治理模式是我国经济面临各种重大问题的根源。因此，要改进地方政府的治理结构，首要任务就是对现行的政府考核机制进行改革，建立合理而有效的评价体制，从而既保证中央政府对文化、教育、卫生、环境等具体公共服务目标和均等化目标的政策意图，又发挥地方政府的信息优势，根据区域特点自行配置财政资源。具体来看，中央应逐渐把社会、文化、教育、卫生、环境等有利于民生和可持续发展的目标引入地方官员的政绩考核体系。同时，要改变“自上而下”的考核评价体系，逐步实现“自上而下”与“自下而上”相结合的考核评价体系，强调居民在公共服务方面的获得感、满意度，真正体现以人民为中心的发展理念。互联网、新闻媒体等第三方评价主体的引入也会有效约束基本公共服务均等化绩效主体的行为，保证公正、客观和公平。

6.2.4　构建转移支付绩效评价体系

转移支付资金的使用绩效反映了地方政府在转移支付资金使用上的态度。实践表明，转移支付制度设计是一种事前的资金安排，但转移支付带来的地方财政能力的增加并不一定会导致地方基本公共服务供给的增长，这就使得传统的以投入为导向的转移支付分配并不能很好地实现基本公共服务均等化。能否实现预期效果应成为转移支付绩效评价的终极目标。应建立和完善以产出而不是投入为导向的转移支付绩效评价体系。传统的以投入为导向的转移支付分配，并不能很好地实现基本公共服务均等化。例如教育，更多地关注教育基础设施投入，而忽视诸如贫困学生、留守儿童和随迁子女的教育水平，未必能实现教育均等化。再如医疗卫生，关注贫困人口、农村地区人口是否获得医疗卫生服务要远胜于有多少经费用于购置高昂的医疗设备，更有利于医疗卫生服务均等化。因此，要建立以产出为导向的绩效评价体系，需遵循以下步骤：①明确绩效评价范围和绩效评价指标，其主要内容应包括转移支付资金用途、公共服务均等化的效果，以及转移支付资金的使用效率。②以转移支付绩效评价结果为先决条件，构建合理的激励约束机制。实施绩效预算制度，把绩效评价结果纳入预算决策：对上年度绩效评价差、公共服务均等化任务完成差的地区，减少下一年度的预算资金安排，对转移支付资金绩效高、公共服务均等化任务完成好的地区，增加下一年度的预算资金安排，以推进基本公共服务均等化的进程。

参考文献

[1] 安体富，任强．公共服务均等化：理论、问题与对策［J］．财贸经济，2007（8）：49-53.

[2] 安体富，任强．中国公共服务均等化水平指标体系的构建——基于地区差别视角的量化分析［J］．财贸经济，2008（6）：79-82.

[3] 安体富，任强．政府间财政转移支付与基本公共服务均等化［J］．经济研究参考，2010（47）：3-12.

[4] 鲍曙光．我国财政转移支付财力均等化效应研究［J］．中央财经大学学报，2016（3）：3-11.

[5] 边旭东．我国区域基本公共服务均等化研究［D］．北京：中央民族大学，2010.

[6] 陈昌盛，蔡跃洲．中国政府公共服务：体制变迁与地区综合评价［M］．北京：中国社会科学出版社，2007.

[7] 财政部预算司．缓解县乡财政困难 促进财政可持续发展［M］．北京：中国财政经济出版社，2005.

[8] 蔡放波．略论加快建设我国基本公共服务体系［J］．学习与实践，2007（5）：62-69.

[9] 曹俊文，罗良清．转移支付的财政均等化效果实证分析［J］．统计研究，2006（1）：43-45.

[10] 常修泽．中国现阶段基本公共服务均等化研究［J］．中共天津市委党校学报，2007（2）：66-71.

[11] 迟福林．公共服务均等化：构建新型中央地方关系［J］．廉政瞭望，2006（12）：41.

[12] 陈海威．中国基本公共服务体系研究［J］．科学社会主义，2007（3）：98-100.

[13] 陈旭佳．中国均等化财政转移支付制度研究［M］．北京：中国社会科学出版社，2014.

[14] 陈娟，吴昊．转移支付制度对基本公共服务均等化的影响机制研究［J］．湖北社会科学，2017（7）：84-92.

[15] 陈振明，李德国．基本公共服务的均等化与有效供给：基于福建省的思考［J］．中国行政管理，2011（1）：47-52.

[16] 成新轩，侯兰晶．城乡社会保障投入差异及对策分析［J］．中国软科学，2011（S2）：51-55.

[17] 崔军，陈宏宇．关于省以下基本公共服务领域共同财政事权与支出责任划分的思考［J］．财政监督，2018（9）：22-27.

[18] 戴平生，陈壮．我国转移支付的地方财力均等化效应：基于水平公平与垂直公平分解的实证研究［J］．统计研究，2015，32（5）：20-25.

[19] 董艳梅．中央转移支付对欠发达地区的财力均等化效应研究［J］．经济理论与经济管理，2013（10）：61-70.

[20] 丁元竹．促进我国基本公共服务均等化的基本对策［J］．中国经贸导刊，2008（5）：20-22.

[21] 方红生，张军．财政集权的激励效应再评估：攫取之手还是援助之手？［J］．管理世界，2014（2）：21-31.

[22] 樊丽明，石绍宾，等．城乡基本公共服务均等化研究［M］．北京：经济科学出版社，2010.

[23] 伏润民，王卫昆，常斌，等．我国规范的省对县（市）均衡性转移支付制度研究［J］．经济学（季刊），2012，11（1）：39-62.

[24] 付文林．均等化转移支付与地方财政行为激励初探［J］．财贸

经济，2010（11）：58-62，101.

［25］付文林，沈坤荣．均等化转移支付与地方财政支出结构［J］．经济研究，2012，47（5）：45-57.

［26］付文林，赵永辉．财政转移支付与地方征税行为［J］．财政研究，2016（6）：16-27.

［27］傅勇．财政分权、政府治理与非经济性公共物品供给［J］．经济研究，2010，45（8）：4-15，65.

［28］傅勇，张晏．中国式分权与财政支出结构偏向：为增长而竞争的代价［J］．管理世界，2007（3）：4-12，22.

［29］范子英，张军．转移支付、公共品供给与政府规模的膨胀［J］．世界经济文汇，2013（2）：1-19.

［30］谷成．财政均等化：理论分析与政策引申［J］．经济理论与经济管理，2007（10）：55-59.

［31］谷成．基于财政均等化的政府间转移支付制度设计［J］．财贸经济，2010（6）：40-45.

［32］高培勇．长期以来我们忽视了公共物品［J］．经济，2004（6）：51.

［33］郭庆旺，贾俊雪．中央财政转移支付与地方公共服务提供［J］．世界经济，2008（9）：74-84.

［34］管廷莲，吴淑君．浙江城乡基本公共服务均等化问题探讨［J］．浙江社会科学，2010（2）：121-124，129.

［35］郭小聪，代凯．国内近五年基本公共服务均等化研究：综述与评估［J］．中国人民大学学报，2013，27（1）：145-154.

［36］官永彬．区域基本公共服务差距生成的制度逻辑［J］．中共南京市委党校学报，2013（1）：38-43.

［37］胡斌，毛艳华．转移支付改革对基本公共服务均等化的影响［J］．经济学家，2018（3）：63-72.

[38] 胡洪曙，亓寿伟．政府间转移支付的公共服务均等化效果研究：一个空间溢出效应的分析框架［J］．经济管理，2015，37（10）：1-11.

[39] 胡洪曙，武锶芪．基于获得感提升的基本公共服务供给结构优化研究［J］．财贸经济，2019（12）：35-49.

[40] 胡祖铨，黄夏岚，刘怡．中央对地方转移支付与地方征税努力：来自中国财政实践的证据［J］．经济学（季刊），2013，12（3）：799-822.

[41] 韩俊．“十二五”时期推进城乡基本公共服务均等化的政策要点［J］．理论学刊，2011（7）：49-54，128.

[42] 和立道．医疗卫生基本公共服务的城乡差距及均等化路径［J］．财经科学，2011（12）：114-120.

[43] 刘尚希．基本公共服务均等化与政府财政责任［J］．财会研究，2008（6）：6-14.

[44] 贾俊雪．政府间财政收支责任安排与地方公共服务均等化：实证研究［J］．中国软科学，2011（12）：35-45.

[45] 贾俊雪，郭庆旺，高立．中央财政转移支付、激励效应与地区间财政支出竞争［J］．财贸经济，2010（11）：52-57.

[46] 贾康．关于建立公共财政框架的探讨［J］．国家行政学院学报，2005（3）：37-40.

[47] 贾康．区分“公平”与“均平”把握好政府责任与政策理性［J］．财政研究，2006（12）：6-10.

[48] 贾康．公共服务的均等化应积极推进，但不能急于求成［J］．审计与理财，2007（8）：5-6.

[49] 江明融．公共服务均等化论略［J］．中南财经政法大学学报，2006（3）：43-47.

[50] 江庆，李光龙．分税制、转移支付与县域财政差距：基于安徽省个案的研究［J］．财贸研究，2010，21（4）：75-82.

[51] 金人庆．完善公共财政制度 逐步实现基本公共服务均等化［J］.

求是，2006（22）：7-9.

［52］贾晓俊．促进公共服务均等化的均衡性转移支付改革方案设计［J］．财政研究，2011（6）：6-10.

［53］贾晓俊，岳希明．我国均衡性转移支付资金分配机制研究［J］．经济研究，2012，47（1）：17-30.

［54］贾晓俊，岳希明．我国不同形式转移支付财力均等化效应研究［J］．经济理论与经济管理，2015（1）：44-54.

［55］姜晓萍．统筹城乡中基本公共服务均等化研究：以四川省成都市为例［J］．社会科学研究，2012（6）：33-40.

［56］姜晓萍，黄静．构建城乡基础教育均衡发展的制度体系：以成都试验区为例［J］．中国行政管理，2013（6）：27-31.

［57］江依妮．中国政府公共服务职能的地方化及其后果［J］．经济学家，2011（7）：78-84.

［58］贾智莲，卢洪友．税收努力、环境差异与地方政府财政汲取能力：基于中国省级数据的实证研究［J］．财经论丛，2009（5）：26-33.

［59］吕冰洋．财政扩张与供需失衡：孰为因？孰为果？［J］．经济研究，2011，46（3）：18-31.

［60］吕冰洋，张凯强．转移支付和税收努力：政府支出偏向的影响［J］．世界经济，2018，41（7）：98-121.

［61］刘成奎，龚萍．财政分权、地方政府城市偏向与城乡基本公共服务均等化［J］．广东财经大学学报，2014，29（4）：63-73.

［62］刘成奎，王朝才．城乡基本公共服务均等化指标体系研究［J］．财政研究，2011（8）：25-28.

［63］娄成武，尹涛．论政府在公共服务民营化中的作用［J］．东北大学学报（社会科学版），2003（5）：367-369.

［64］李丹，裴育．均衡性转移支付能促进贫困地区基本公共服务供给吗：基于国定扶贫县的实证研究［J］．财贸研究，2016，27（3）：91-

98，125.

［65］李婉．政府间纵向财政分配与地方财政努力：基于中国省级面板数据的研究［J］．山西财经大学学报，2007，29（10）：38-42.

［66］李萍，许宏才，李承．财政体制简明图解［M］．北京：中国财政经济出版社，2010.

［67］李万慧．中国财政转移支付制度优化研究［M］．北京：中国社会科学出版社，2011.

［68］楼继伟．中国政府间财政关系再思考［M］．北京：中国财政经济出版社，2013.

［69］陆道平．我国城乡公共服务均等化：问题与对策［J］．江汉论坛，2013（12）：26-30.

［70］卢洪友，陈思霞．谁从增加的财政转移支付中受益：基于中国县级数据的实证分析［J］．财贸经济，2012（4）：24-32.

［71］卢洪友，卢盛峰，陈思霞．“中国式财政分权”促进了基本公共服务发展吗？［J］．财贸研究，2012，23（6）：1-7.

［72］楼继伟．构建和谐社会：公共财政大有可为［J］．中国财政，2006（7）：8-9.

［73］吕炜，王伟同．我国基本公共服务提供均等化问题研究：基于公共需求与政府能力视角的分析［J］．财政研究，2008（5）：10-18.

［74］李晖．省内转移支付对县际财力均等化效应的影响：基于H省的实证分析［J］．武汉大学学报（哲学社会科学版），2014（2）：20-28.

［75］刘溶沧，焦国华．地区间财政能力差异与转移支付制度创新［J］．财贸经济，2002（6）：5-12.

［76］廖文剑．基本公共服务均等化研究文献综述［J］．辽宁行政学院学报，2008（9）：17-19.

［77］李齐云，刘小勇．分税制、转移支付与地区财政差距研究［J］．财贸经济，2009（12）：69-76.

[78] 李学军，刘尚希．新疆财政能力研究［M］．北京：中国财政经济出版社，2007.

[79] 李雪萍，刘志昌．基本公共服务均等化的区域对比与城乡比较：以社会保障为例［J］．华中师范大学学报（人文社会科学版），2008（3）：18-25.

[80] 李祥云，徐淑丽．我国政府间转移支付制度的平衡效应：基于2000—2010年省际面板数据的实证分析［J］．中南财经政法大学学报，2012（4）：36-41.

[81] 李永友，沈玉平．转移支付与地方财政收支决策：基于省级面板数据的实证研究［J］．管理世界，2009（11）：41-53.

[82] 李永友．中国地方财政资金配置效率核算与分析［J］．经济学家，2010（6）：95-102.

[83] 李志慧，江杰．我国县乡财政解困的制度构建：经验借鉴与现实选择［J］．财经理论与实践，2006（5）：89-93.

[84] 李振海，任宗哲．西部地区基本公共服务均等化：现状、制度设计和路径选择［J］．西北大学学报（哲学社会科学版），2011，41（1）：5-9.

[85] 毛捷，汪德华，白重恩．扶贫与地方政府公共支出：基于“八七扶贫攻坚计划”的经验研究［J］．经济学（季刊），2012，11（4）：1365-1388.

[86] 马慧强，韩增林，江海旭．我国基本公共服务空间差异格局与质量特征分析［J］．经济地理，2011，31（2）：212-217.

[87] 马海涛，姜爱华，等．政府间财政转移支付制度［M］．北京：经济科学出版社，2010.

[88] 马海涛，任致伟．转移支付对县级财力均等化的作用［J］．财政研究，2017（5）：2-12，113.

[89] 马骏．中央向地方的财政转移支付：一个均等化公式和模拟结果［J］．经济研究，1997（3）：11-20.

[90] 倪红日，张亮．基本公共服务均等化与财政管理体制改革研究

[J]. 管理世界，2012（9）：7-17.

[91] 倪鹏飞，蔡书凯，王雨飞. 中国城乡一体化进程研究与评估[J]. 城市观察，2016（1）：5-19.

[92] 南锐，王新民，李会欣. 区域基本公共服务均等化水平的评价[J]. 财经科学，2010（12）：58-64.

[93] 皮建才. 中国式分权下的地方官员治理研究[J]. 经济研究，2012，47（10）：14-26.

[94] 乔宝云，范剑勇，冯兴元. 中国的财政分权与小学义务教育[J]. 中国社会科学，2005（6）：37-46，206.

[95] 乔宝云，范剑勇，彭骥鸣. 政府间转移支付与地方财政努力[J]. 管理世界，2006（3）：50-56.

[96] 孙晓莉，宋雄伟，雷强. 改革开放40年来我国基本公共服务发展研究[J]. 理论探索，2018（5）：5-14.

[97] 孙德超. 推进基本公共服务均等化的基本原则：事权与财权财力相匹配[J]. 教学与研究，2012（3）：22-30.

[98] 孙开. 财政转移支付手段整合与分配方式优化研究[J]. 财贸经济，2009（7）：45-49.

[99] 宋小宁，陈斌，梁若冰. 一般性转移支付：能否促进基本公共服务供给？[J]. 数量经济技术经济研究，2012，29（7）：33-43，133.

[100] 唐钧. "公共服务均等化"保障6种基本权利[J]. 时事报告，2006（6）：42-43.

[101] 唐善永，李丹. 政府间转移支付对民族扶贫县财政收入行为影响研究[J]. 财经论丛，2014（6）：24-30.

[102] 田发，周琛影. 基本公共服务均等化：一个财政体制变迁的分析框架[J]. 社会科学，2010（2）：30-36，187-188.

[103] 田侃，亓寿伟. 转移支付、财政分权对公共服务供给的影响：基于公共服务分布和区域差异的视角[J]. 财贸经济，2013（4）：29-38.

[104] 魏福成，胡洪曙．我国基本公共服务均等化：评价指标与实证研究［J］．中南财经政法大学学报，2015（5）：26-36.

[105] 吴昊，陈娟．基本公共服务均等化的实现路径新探［J］．云南社会科学，2017（2）：64-69.

[106] 吴敏，周黎安．晋升激励与城市建设：公共品可视性的视角［J］．经济研究，2018，53（12）：97-111.

[107] 王剑锋．中央集权型税收高增长路径：理论与实证分析［J］．管理世界，2008（7）：45-52.

[108] 王瑞民，陶然．中国财政转移支付的均等化效应：基于县级数据的评估［J］．世界经济，2017，40（12）：119-140.

[109] 王玮．我国公共服务均等化的困境及其化解：基于现实约束条件的分析［J］．经济学家，2010（5）：39-45.

[110] 王雍君．中国的财政均等化与转移支付体制改革［J］．中央财经大学学报，2006（9）：1-5.

[111] 王伟同．基本公共服务均等化的一般分析框架研究［J］．东北财经大学学报，2008（5）：73-77.

[112] 王小龙，余龙．财政转移支付的不确定性与企业实际税负［J］．中国工业经济，2018（9）：155-173.

[113] 王新民，南锐．基本公共服务均等化水平评价体系构建及应用：基于我国31个省域的实证研究［J］．软科学，2011，25（7）：21-26.

[114] 武力超，林子辰，关悦．我国地区公共服务均等化的测度及影响因素研究［J］．数量经济技术经济研究，2014，31（8）：72-86.

[115] 辛冲冲，陈志勇．中国基本公共服务供给水平分布动态、地区差异及收敛性［J］．数量经济技术经济研究，2019，36（8）：52-71.

[116] 解垩．转移支付与公共品均等化分析［J］．统计研究，2007（6）：63-66.

[117] 解建立．国外城乡基本公共服务供给制度安排及其对中国的启

示［J］. 河北师范大学学报（哲学社会科学版），2009，32（4）：28-34.

［118］夏杰长，任子频. 向民生倾斜：和谐社会视角下财政政策的新选择［J］. 经济研究参考，2005（49）：13-19.

［119］肖育才. 转移支付与县级基本公共服务均等化研究：以四川省为例［D］. 成都：西南财经大学，2014.

［120］肖育才，谢芬. 公共服务均等化研究综述：基于财政理论发展的视角［J］. 公共经济与政策研究，2015（2）：156-166.

［121］项继权. 基本公共服务均等化：政策目标与制度保障［J］. 华中师范大学学报（人文社会科学版），2008（1）：2-9.

［122］熊兴，余兴厚，王宇昕. 我国区域基本公共服务均等化水平测度与影响因素［J］. 西南民族大学学报（人文社科版），2018，39（3）：108-116.

［123］徐现祥，王贤彬，高元骅. 中国区域发展的政治经济学［J］. 世界经济文汇，2011（3）：26-58.

［124］杨光. 省际间基本公共服务供给均等化绩效评价［J］. 财经问题研究，2015（1）：111-116.

［125］杨志勇. 以转移支付改革提升公共服务能力［J］. 中国党政干部论坛，2019（7）：57-59.

［126］杨东亮，杨可. 财政分权对县级教育公共服务均等化的影响研究［J］. 吉林大学社会科学学报，2018，58（2）：93-103，205-206.

［127］尹恒，康琳琳，王丽娟. 政府间转移支付的财力均等化效应：基于中国县级数据的研究［J］. 管理世界，2007（1）：48-55.

［128］阎坤，张立承. 中国县乡财政困境分析与对策研究［J］. 经济研究参考，2003（90）：2-18.

［129］尹振东，汤玉刚. 专项转移支付与地方财政支出行为：以农村义务教育补助为例［J］. 经济研究，2016，51（4）：47-59.

［130］张立荣，李军超，樊慧玲. 基于收入差别的农村公共服务需求

偏好与满意度研究［J］. 中国行政管理，2011（10）：118-122.

［131］中国改革发展研究院. 基本公共服务与中国人类发展［M］. 北京：中国经济出版社，2008.

［132］张光. 转移支付与地区公共服务均等化：对中日的比较研究［J］. 复旦公共行政评论，2014（1）：3-17.

［133］张恒龙，陈宪. 构建和谐社会与实现公共服务均等化［J］. 地方财政研究，2007（1）：13-17.

［134］张恒龙，陈宪. 政府间转移支付对地方财政努力与财政均等的影响［J］. 经济科学，2007（1）：15-23.

［135］张恒龙，秦鹏亮. 转移支付、财政激励与基本公共服务均等化目标的匹配［J］. 改革，2012（9）：53-63.

［136］曾红颖. 我国基本公共服务均等化标准体系及转移支付效果评价［J］. 经济研究，2012，47（6）：20-32，45.

［137］曾军平. 政府间转移支付制度的财政平衡效应研究［J］. 经济研究，2000（6）：27-32.

［138］周黎安. 晋升博弈中政府官员的激励与合作：兼论我国地方保护主义和重复建设问题长期存在的原因［J］. 经济研究，2004（6）：33-40.

［139］周黎安. 中国地方官员的晋升锦标赛模式研究［J］. 经济研究，2007（7）：36-50.

［140］周黎安，陈祎. 县级财政负担与地方公共服务：农村税费改革的影响［J］. 经济学（季刊），2015，14（2）：417-434.

［141］周美多，颜学勇. 省内转移支付均等化效应研究：政府间财政分配行为的视角［J］. 公共行政评论，2010，3（6）：134-152，202.

［142］张立荣，冷向明. 基本公共服务均等化取向下的政府行为变革［J］. 政治学研究，2007（4）：83-91.

［143］张薇. 我国基本公共服务均等化的发展历程和建设策略［J］. 哈尔滨工业大学学报（社会科学版），2019，21（6）：123-129.

[144] 郑垚，孙玉栋．转移支付、地方财政自给能力与基本公共服务供给：基于省级面板数据的门槛效应分析 [J]. 经济问题探索，2018（8）：18-27.

[145] 赵永辉，付文林．转移支付、财力均等化与地区公共品供给 [J]. 财政研究，2017（5）：13-23.

[146] ABRAMOWITZ，ALAN I. Economic conditions，presidential popularity，and voting behavior in midterm congressional elections [J]. The Journal of Politics，1985，47（1）：31-43.

[147] ALBOUY D. Evaluating the efficiency and equity of federal fiscal equalization [J]. Journal of Public Economics，2012，96（9-10）：824-839.

[148] ALLERS M A，VERMEULEN W. Capitalization of equalizing grants and the flypaper effect [J]. Regional Science and Urban Economics，2016，58：115-129.

[149] BLANCHARD O J，SHLEIFER A. Federalism with and without political centralization：China versus Russia [J]. Harvard Institute of Economic Research Working Papers，2000，48（1）：171-179.

[150] BOADWAY R W，FLATTERS F R. Efficiency and equalization payments in a federal system of government：a synthesis and extension of recent results [J]. Canadian Journal of Economics，1982，15（4）：613-633.

[151] BOADWAY，R. The theory and practice of equalization [J]. CESifo Economic Studies，2004，50（1）：211-254.

[152] BOEX J，MARTINEZ-VAZQUEZ J. Designing intergovernmental equalization transfers with imperfect data：concepts，practices，and lessons [M]. Springer US，2007.

[153] BRADFORD D F，OATES W E. Towards a predictive theory of intergovernmental grants. [J]. American Economic Review，1971，61（2）：440-448.

[154] BUCHANAN J M. Federalism and fiscal equity [J]. American Economic Review, 1950, 40 (4): 583-599.

[155] BUETTNER T. The incentive effect of fiscal equalization transfers on tax policy [J]. Journal of Public Economics, 2006, 90 (3): 477-497.

[156] CAI H, TREISMAN D. Does compctition for capital discipline governments? Decentralization, globalization, and public policy [J]. American Economic Review, 2005, 95 (3): 817-830.

[157] CYRENNE P, PANDEY M. Fiscal equalization, government expenditures and endogenous growth [J]. International Tax and Public Finance, 2015, 22 (2): 311-329.

[158] DAHLBERG M, MOERK E, RATTS J, et al. Using a discontinuous grant rule to identify the effect of grants on local taxes and spending [J]. Journal of Public Economics, 2008, 92 (12): 2320-2335.

[159] DAHLBY B. The marginal cost of public funds and the flypaper effect [J]. International Tax and Public Finance, 2011, 18 (3): 304-321.

[160] EASTERLY W. The elusive quest for growth: economists' adventures and misadventures in the tropics [M]. Cambridge: The MIT Press, 2005.

[161] ENIKOLOPOV R, ZHURAVSKAYA E. Decentralization and political institutions [J]. Journal of Public Economics, 2007, 91: 2261-2290.

[162] FAGUET J P. Does decentralization increase government responsiveness to local needs? Evidence from Bolivia [J]. Journal of Public Economics, 2004 (88): 867-893.

[163] JCH FEI, G RANIS, SWY KUO. Growth and the family distribution of income by factor components [J]. Quarterly Journal of Economics, 1978, 92 (1): 17-53.

[164] GAMKHAR S, OATES W E. Asymmetries in the response to increases and decreases in intergovernmental grants: some empirical findings [J]. National Tax Journal, 1996, 49 (4): 501-511.

[165] GRAMLICH E M. A review of the theory of intergovernmental grants [M]. In Oates W (Ed.) . The political economy of fiscal federalism, Lexington: Lexington Books, 1977.

[166] HUANG B, KANG C. Are intergovernmental transfers in China equalizing? [J]. China Economic Review, 2012, 23 (3): 534-551.

[167] HULL C, SEARLE B. The impact of equalization on service delivery [M]. Fiscal Equalizaiton, US Springer, 2007: 61-94.

[168] HUME D A. A treatise on human nature [M]. Oxford: Clarendon Press, 1896: 15-20.

[169] HAYEK F A. The use of knowledge in society [J]. American Economic Review, 1945, 35 (4): 519-530.

[170] INMAN R P. Federal assistance and local services in the United States: the evolution of a new federalist fiscal order [M]. Chicago: University of Chicago Press, 1988: 33-74.

[171] IHORI T, ITAYA J I. Fiscal reconstruction and local government financing [J]. Asia-Pacific Financial Markets, 2004, 11 (1): 55-67.

[172] JIN H, QIAN Y, Weingast B R. Regional decentralization and fiscal incentives: federalism, Chinese style [J]. Journal of Public Economics, 2005, 89: 1719-1742.

[173] MARTINEZVAZQUEZ J, SEARLE B. Challenges in the design of fiscal equalization and intergovernmental transfers [M]. Fiscal Equalization. Springer US, 2007.

[174] JUSTIN YIFU LIN, ZHIQIANG LIU. Fiscal decentralization and economic growth in China [J]. Economic Development and Cultural Change, 2000, 49 (1): 1-21.

[175] TSUI K Y. Local tax system, intergovernmental transfers and China's local fiscal disparities [J]. Journal of Public Economics, 2005, 33 (1): 173-196.

[176] KATTENBERG M, VERMEULEN W. The stimulative effect of an unconditional block grant on the decentralized provision of care [J]. International Tax and Public Finance, 2018, 25: 166-199.

[177] KEEN M, MARCHAND M. Fiscal competition and the pattern of public spending [J]. Journal of Public Economics, 1997, 66 (1): 33-53.

[178] KNIGHT, BRIAN. Endogenous federal grants and crowd-out of state government spending: theory and evidence from the federal highway aid program [J]. American Economic Review, 2002, 92 (1): 71-92.

[179] LERMAN R I, YITZHAKI S. Income inequality effects by income source: a new approach and applications to the United States [J]. Review of Economics & Statistics, 1985, 67 (1): 151-156.

[180] LI H, ZHOU L A. Political turnover and economic performance: the incentive role of personnel control in China [J]. Journal of Public Economics, 2005, 89 (9-10): 1743-1762.

[181] LITSCHIG S, MORRISON K M. The impact of intergovernmental transfers on education outcomes and poverty reduction [J]. Applied Economics, 2013, 5 (4): 206-240.

[182] MUSGRAVE, R A. The theory of public finance [M]. New York: McGraw-Hill, 1959.

[183] OATES W E. Fiscal competition and European Union: contrasting perspectives [J]. Regional Science and Urban Economics, 2001, 31 (2): 133-145.

[184] OATES W E. An essay on fiscal federalism [J]. Journal of Economic Literature, 1999, 37 (3): 1120-1149.

[185] OATES W E. Fiscal federalism [M]. New York: Harcourt Brace, 1972.

[186] OECD. Challenges for China's public spending: toward greater effectiveness and equity. [M]. Paris: OECD, 2006.

[187] EGGER P, KOETHENBUERGER M, SMART M. Do fiscal transfers alleviate business tax competition? Evidence from Germany [J]. Journal of Public Economics, 2010, 94 (3-4): 235-246.

[188] POWELL M, BOYNE G, ASHWORTH R. Spatial equity and public services [J]. Public Management Review, 2001, 3 (1): 19-34.

[189] QIAN Y, ROLAND G. Federalism and the soft budget constraint [J]. American Economic Review, 1998, 88 (5): 1143-1162.

[190] QIAN Y, WEINGAST B R. Federalism as a commitment to perserving market incentives [J]. Journal of Economic Perspectives, 1997, 11 (4): 83-92.

[191] SAMUELSON, PAUL A. The pure theory of public expenditure [J]. Review of Economics and Statistics, 1954, 36 (4): 387-389.

[192] SHAH A. A practitioner's guide to intergovernmental fiscal transfers [J]. Policy Research Working Paper, 2006, 44 (2): 127-186.

[193] TIEBOUR C M. A pure theory of local expenditures [J]. Journal of Political Economy, 1956, 64 (5): 416-424.

[194] UNDP. Human development report 2005 [J]. New York: Oxford University Press, 2005, 45 (100): 155-191.

[195] WALLACE S, BAHL R W. Public financing in developing and transition countries [J]. Public Budgeting & Finance, 2005, 25 (4s): 83-98.

[196] WEINGAST B R. The economic role of political institutions: market preserving federalism and economic development [J]. Journal of Law Economics and Organization, 1995, 11 (1): 1-31.

[197] ZHURAVSKAYA E V. Incentives to provide local public goods: fiscal federalism, Russian style [J]. Journal of Public Economics, 1998, 76 (3): 337-368.

学术术语索引